中国科协 教育部 "英才计划"项目

SHUXUE ZHIWAI YU SHUXUE ZHINEI

数学之外与数学之内

田 刚 吴宗敏 主编

復旦大學出版社

www.fudanpress.com.cn

数学之外是指数学从哪里来？数学又要到哪里去？数学之内就是要回答数学是什么？是指数学学科内部各学科方向之间的关联与侧重，以及数学学科内部的关键问题。

本书为中国科学技术协会和教育部"英才计划"数学工作委员会编辑的科普类读物，是"英才计划"数学工作委员会在多次调研的基础上，听取了参加"英才计划"的学生及教师的建议，邀请工作委员会的成员及部分特邀著名高校的教授撰写的。与中学数学那样按部就班地灌输知识不同，本书是作者按照自己的思路，想写什么就写什么，其目的是提出并讨论数学的对外联系及数学的根本问题，将数学教育从答题、知识点教育扩展到问题来源及应用前景的分析与展望；特别是对数学根本问题的探索与讨论，从中学开始了解解决根本问题的思想和方法，以提高学生的创新能力以及对数学根本问题的兴趣与好奇心。

传统的中学数学教育的特征是配方式的"细粮饲料"、填鸭式的喂养灌输，缺少"粗粮"与"杂粮"。本书只是数学学习生活的调料，以增加新思想的味道；只是餐余，以增加产生新思想的肥料，其特征就是——杂。希望这本书可以给吃惯"细粮"的同学，品尝一点"粗粮""杂粮"，以补充中学数学学习的营养单一性，让读者自己去发现它们之间的关系。

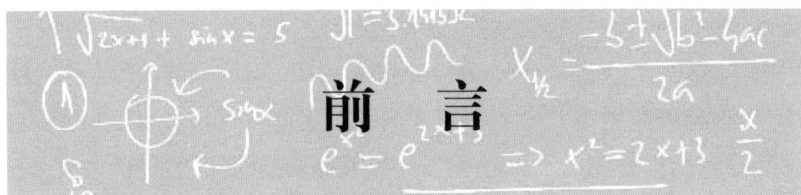

前　言

数学之外是指数学从哪里来？数学又要到哪里去？

数学之内就是要回答数学是什么？是指数学学科内部各学科方向之间的关联与侧重，以及数学学科内部的关键问题。

这是数学的根本问题，当然这本书也不可能回答全部的这类问题，有的可能永远都找不到答案，因为问题以及答案本身都是与时俱进的。但是问问题比找答案更重要，找答案的过程比答案本身更重要。对问题的探索过程实际上就是人类对世界认识的发展过程，就是人类思维的发展过程。对于数学，与其他学科不同的是，它还要解决对问题探索的规范问题，也就是对找问题答案过程的规范。一句话，就是理性的、科学的、严密的、系统的逻辑规范。

学数学已经超过 50 年了，研究数学也已经超过 30 年。经常有人问我："什么是数学？""什么是数学的基本问题？"这也正是我一直在问我自己的问题。很多人认为，希尔伯特 23 个问题，千禧年问题，谁谁的猜想，是数学的根本问题。我的回答是：不错！但这些只是数学现时的内部问题，而有些内部问题可以说在数学内部已经是不可能解决的了。

我认为数学与哲学、宗教及其他科学类别一样，如同本文的开篇,最基本的问题都是要回答:世界是什么? 我们从哪里来? 要到哪里去? 事实上,这也是任何学科的根本问题。不过有些学科更加具体,如物理研究力是什么? 磁场是什么? 化学研究碳是什么? 水是什么? 它们会变成什么? 是钻石还是煤炭? 是不可燃烧的液体,还是可以燃烧的两种气体? 爱因斯坦从小到大的兴趣就是想知道:光是什么? 光速是什么? 光是从哪儿来的? 莫奈放弃了银行家的工作,就是想问:绘画究竟是要干什么? 这些基本问题永远不会脱离:这种东西是什么? 它们从哪里来? 又会到哪里去? 任何科学问题,任何社会问题,甚至任何问题,都可以简单表述为:这是什么? 它们怎么会是这样的? 又会变成什么样的? 这好像也是任何一个小孩刚懂事时经常问的问题。可见,每个人都是带着佛心而来,而是被家长的"哪有那么多的为什么"、老师的"这么简单的问题,你都不懂啊"给埋没了。所以保持童真,保持好奇心,保持喜欢问为什么,是孩提时期将来想要成为数学家,将来想要成为科学家,甚至于将来想要干成任何大事业者的基本素养,而且是本质的素养。事实上,想要成为大数学家、大科学家、大学问家,往往取决于你能不受外界的干扰而保持这份童真的时间。我认识一些老科学家,发现他们对任何新事物都有极强的好奇心、极强的求知欲、极其风趣幽默。从另一种角度看,他们到老了还一直是贪玩的老小孩。不过他们不是被玩具所左右,而是玩出与别人不一样的名堂来。

　　大家都在批评应试教育,大家都看到应试教育扼杀了创新能力。原因很简单,就是应试教育告诉你,你只要学,你只要记,你只要记住解题的步骤,你不用去问,这题是哪儿来的? 解了这题有什么用? 这使得人变成知识的存储器,但人脑的存储量还比不过一个 U 盘。我们都知道,如果高考允许上网,那么一个学会了网上查询的操作员,肯定也可以得到高分。这样,就永远也培养不出一个思想家,数学也就退化成为算术。

既然数学与其他学科一样,要解决一样的问题,那么数学有什么特别之处呢?数学不但要超越具体对象的这种基本问题,而且更加着重于研究过程的逻辑性、系统性与演绎性;不是只凭印象,不是只凭臆测,不是只凭经验。数学需要将经验提升为普遍的理论,并且要指出这种理论结果的适用范围。更加重要的是,通过数学之内的矛盾可以演绎到数学之外。数学的研究论文一般都是从假设开始的,如果怎样,那么就会怎样。即使是猜测也要告诉别人,这个猜测的可信度是多少。

许多人认为搞文科的一般数学差些,而搞数学的一般文科差些。我认为这是非常不全面的。我认识许多大数学家,他们都是多才多能的。许多孩子都读过《爱丽丝漫游奇境记》,而其著者就是数学家。苏步青先生爱写诗,王元先生爱书法。一些大数学家、一些数学教育大家往往同时强调理科教育要强化文科,是搞通识教育的积极倡导者。复旦大学的李大潜院士就说过:"一个好的数学家都是带有几分诗人气质的。"什么叫诗人气质?诗人气质就是不受羁绊,就是自由思想,就是要把自己的灵魂放飞到天外去看世界。是的,数学有许多规则,解数学题有许多套路,但是如果你被规则与套路束缚,那么就不可能做出超越前人的研究工作。如果你是套路的高手,那么你可能成为能工巧匠,可以成为一个好会计,甚至是好的金融家,但不可能成为数学思想家。李大潜院士在《光明日报》倡导"中学数学教育应注重人文内涵",认为数学教育的根本是要让学生明白:(1)数学知识的来龙去脉;(2)数学的精神实质与思想方法;(3)数学的人文内涵。王元院士也认为"所谓创新,一定是前人没有想到的,没有做到的",他曾在《光明日报》发表题为"靠老师手把手地教,一定教不出创新人才"的文章,建议读者可以去读一下,会有很大的启发。

在我的研究生教学生活中,很多学生会要求我给一个研究问题,然后过一段时间会问我怎么解这个问题。有些学生到了研究生阶段,基本上还是如同在中学阶段,只会做习题。这简单说来,就是缺乏创新的能力。所以,对新进的研究生我总是告诉他们:最顶尖的科学家是自己发现问题、提出问题,并且自己解决问题。一个顶尖科学家首先是能够发现和提出问题,其次才是找到解决途径。解决先人提出的著名问题,固然很好,但更重要的是在解决先人著名问题的同时,能提出新的问题。而有些关键的问题是应该从小就开始问了。通常基础的问题、从基础问起的问题,才是关键的问题、颠覆性的问题、真正创新的问题。爱因斯坦就是从小就喜欢光线,可以长时间地看着太阳,问自己:"什么是光?"黎曼、罗巴切夫斯基就是一直问自己:"数学的公理基础是什么?"

由于工作的关系,经常有人找我,说解决了诸如三等分角的问题,文章只有 3 页纸,希望我推荐发表,当然最终目标是帮助他们出名。这个问题在数学上是已经解决的问题,答案是不可能用圆规直尺三等分任何给定角,当然其背后是一整套的伽罗瓦理论。在数学上证明解的不存在性是更为困难的问题,而这也是数学的魅力所在。我告诉他们:三等分角问题为什么会有名的原因,就是背后的伽罗瓦理论;如果三等分角问题可以用 3 页纸解决,就比两等分角稍微难一点,那么这个问题也就不会那么著名了。

现在是一个创新的年代,可能大家会认为,数学,特别是中学的数学,或者可以到大学的高等数学范畴,已经没有什么可以创新的了。中学数学已经经过几千年的发展,又经过几百年的系统化、现代化,用高等数学的语言说,已经是完备的了。事实果真如此吗?在教授中学数学时只需要灌输,只是教师灌输的水平不同吗?怎么在教授中学数学的同时培养学生的质疑精神——这一科学的基本精神呢?看看数学的发展吧!如果中学数学已经完备了,那么大学数学又是从哪儿来的?现代数学呢?伟大的数学家希尔伯特在第二届国际数学家大会上曾经做过一个著名的报告,提出了 23 个问题,并且认为这是数学的可以说是全部的剩余问题。他在报告的结束语中说，如果我们足够聪敏，可能可以在 100 年内解决所有这些问题。现在 100 年过去了，离开这些问题的全部解决还遥遥无期。事实上，在希尔伯特（David Hilbert，1862—1943）提出 23 个问题后 4 年，在第三届国际数学家大会上，另一位伟大的数学家——哥德尔（Kurt Godel，1906—1978），就用数学证明了"任何系统都不可能是封闭的"，而且它的根本问题往往在其根本上。在中学教授学生数学，这没有什么可以质疑的，学生只要记住就行，不可能跑出数学之外。但对基础数学问题的深入研究一定会引出新的数学问题，一定会跑出数学之外，成为数学的新的学科生长点。事实上，数学的这种内部的矛盾在数学产生时就已经写在数学的 DNA 中。我们就是应该从数学的产生开始质疑。

数学到现在已经成为一个庞大的系统。从另一方面看，它由两部分组成。一个是数学知识，一个是数学文化。课堂里教的是数学知识，但并不是知识越多就越有文化。文化是需要去体验、去发掘、去融入的。

为了给沉闷的灌输式的中学数学教育加一点"调料"，在参加"英才计划"的学生及导师的建议下，我们有了编写这么一本书的想法，于是，邀请了一些大学数学老师，编写这么一本题为《数学之外与数学之内》的书。与中学数学那样按部就班地灌输知识不同，参编者想写什么就写什么，可以写数学之内的知识，也可以写数学之外的管窥。传统的中学数学教育的特征是配方式的"细粮饲料"，填鸭式的喂养灌输，缺少"粗粮"与"杂粮"。这本书只是"调料"，以增加新思想的味道；只是"餐余"，以增加产生新思想的"肥料"，特征就是——杂。希望这本书可以给吃惯"细粮"的同学，品尝一点"粗粮、杂粮"，以补充学习营养的单一性。书中的文章是按文章名的顺序编排，让读者自己去发现它们之间的关系。我一直认为，我们现在的数学课本编写得太好了;哪里是重点,哪里是小结,剥夺了学生自己找出内容的主题和关联性的训练。我在刚进大学时,老师教我的就是:读懂一本书就是把厚书读薄的能力,简单地说就是自己整理出脉络,列出提纲。这作为前言,好像已经讲得太多了。而且现在很多人已经很少看书,即使看书也很少看前言,所以就写这些,希望还是会有有心人从中获得一些什么东西。

本书的出版得到了中国科学技术协会、国家自然科学基金委员会、上海市工业与应用数学学会、上海市现代应用数学重点实验室的支持,作者在此表示感谢。

复旦大学数学科学学院   吴宗敏

目　录

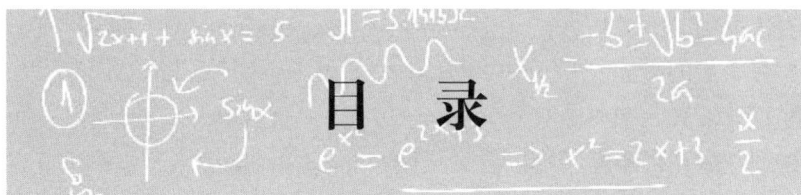

给大学生歌咏会的致辞

音乐是什么？音乐是给人带来欢快的旋律。数学是什么？数学似乎是单调的、枯燥的，我们是为了逃避单调枯燥才来参加歌咏会的。有人说，"学数学的人一般不懂得音乐"，我说你没有真正懂得音乐，你也还没有真正懂得数学。复旦大学李大潜院士就曾经说过："一个好的数学家都是带有几分诗人气质的。"诗是需要吟、需要唱的，用歌唱的心情去歌唱数学，那么你离大数学家也就不远了。

傅立叶级数是一段著名的数学词章，那么傅立叶（Jean Baptiste Joseph Fourier，1768—1830）是怎么发现傅立叶级数的呢？就是在他弹琴时发现：几根长度成比例的弦，同时一起弹，琴就会发出比较好听的声音，这就叫做和声。数学史上最著名、最伟大、应用最广的数学理论就从好听的和声中产生了。我说傅立叶比任何人都更懂得音乐。你知道巴赫（Johann Sebastian Bach，1685—1750）吗？巴赫在作曲中运用了很多数学的基本原理。正是巴赫运用了数学原理来作曲，才使得他的音乐走进了宫廷、教堂与民间。

中国古代的音律是宫、商、角、徵、羽，听起来略微单调一些，而西方音乐是 7 音阶、12 音阶。钢琴上的 12 音阶从 C 到 C 由 8 个白键、5 个黑键组成。钢琴上为什么要有白键和黑键？为什么白键是 8 个，黑键是 5 个？为什么白键、黑键是这样排列的？音乐家们每天都面对着键盘,他们问过这样的问题吗? 意大利数学家利奥纳多·斐波那契(Leonardo Fibonacci,1175—1250)在 1202 年写过一本《算盘书》,书中有这样一道题目:"某人有一对小兔,小兔一个月可以成长为成年兔,每一对成年兔每个月可以生一对小兔,半年后他有多少成年兔与小兔?"答案是有 8 对成年兔,5 对小兔。如果你按血缘关系排成一行,把每对成年兔涂成白色,小兔涂成黑色,你就会发现这恰好就是钢琴的琴键排列。如果兔子继续繁衍下去,则数目分别是 1,1,2,3,5,8,13,……。啊! 那是著名的斐波那契级数! 它的相邻项之比的极限是"黄金分割数"。原来 12 音阶从 C 到 C 的 13 个音,简谱的从 1 到 1 的 8 个音,或者中国古代的宫、商、角、徵、羽 5 个音,钢琴上的黑键数与白键数,键的总数都只是斐波那契级数的前几项。中国古代的音乐实际上只使用了钢琴上的黑键数,并且这个黑键数最终与"黄金分割"有关,甚至与一切生命(贝螺、向日葵、花瓣)、一切社会的发展模式有关。居然生命的发展模式与音乐以及美丽的图像可以通过数学统一起来! 这就是数学,而这只是数学的一个乐章片断。如果你再仔细地研究下去,你就会聆听到数学的小夜曲、数学的奏鸣曲、数学的交响乐。同学们,在享受音乐的同时,请尽情地享受数学的旋律吧!

复旦大学数学科学学院　吴宗敏

不可交换的矩阵乘法

在中学教科书中,已经引进了矩阵的概念。所谓矩阵,就是将 $n \times m$ 个数排成 n 行 m 列的矩形列阵,通常用一对圆括号将其括起来,也常常用一个大写字母表示矩阵,如

$$A = \begin{pmatrix} 1 & 2 & 3 \\ 0 & -1 & 2 \end{pmatrix}$$

就是一个 2 行 3 列的 2×3 矩阵。

矩阵主要用来处理一些有关联的数据,比如在处理财务报表、实验数据、统计数据时经常会遇到。比如,表 1 显示的是某连锁商业公司各门店的销量统计表。

表 1 　　　　　　　　　　　　　　　　　　(单位:件)

门店	商品 A	商品 B	商品 C
门店 1	80	25	120
门店 2	45	30	85

表 1 就可以表示成一个 2×3 矩阵 $\begin{pmatrix} 80 & 25 & 120 \\ 45 & 30 & 85 \end{pmatrix}$。

19 世纪中叶,英国数学家凯利(Arthur Cayley,1821—1895)系统建立了矩阵理论,规定了矩阵的算术运算。矩阵的加法比较简单,两个矩阵有相同的行数和列数,则它们的和就是对应位置的元素相加所得到的矩阵,例如,两个 2×2 矩阵相加为

$$\begin{pmatrix} a_{11} & a_{12} \\ a_{21} & a_{22} \end{pmatrix} + \begin{pmatrix} b_{11} & b_{12} \\ b_{21} & b_{22} \end{pmatrix} = \begin{pmatrix} a_{11}+b_{11} & a_{12}+b_{12} \\ a_{21}+b_{21} & a_{22}+b_{22} \end{pmatrix}。$$

矩阵乘法的规定有些奇怪,两个矩阵相乘,要求前一个矩阵的列数和后一个矩阵的行数相等,而其积在第 i 行、第 j 列的元素等于第一个矩阵的第 i 行和第二个矩阵第 j 列对应位置元素相乘再求和所得。例如,两个 2×2 矩阵的乘积为

$$\begin{pmatrix} a_{11} & a_{12} \\ a_{21} & a_{22} \end{pmatrix} \times \begin{pmatrix} b_{11} & b_{12} \\ b_{21} & b_{22} \end{pmatrix} = \begin{pmatrix} a_{11}b_{11}+a_{12}b_{21} & a_{11}b_{12}+a_{12}b_{22} \\ a_{21}b_{11}+a_{22}b_{21} & a_{21}b_{12}+a_{22}b_{22} \end{pmatrix}。$$

和代数中用 ab 表示乘法 $a\times b$ 一样,矩阵乘法中的符号 $\times$ 通常省略不用。

一些初学矩阵的人不太理解矩阵乘法:为什么矩阵乘法规定得如此古怪,而不是像加法一样将对应位置的元素相乘呢? 其实,这样定义的矩阵乘法更符合实际需要。以上面的商业公司为例,假设某门店销售商品 A 计 80 件,每件商品单价为 20 元,则计算该门店销售商品 A 的营业额要用乘法,为 $80\times20 = 1\,600$(元)。现在考虑该公司多个门店以及销售多个商品的情况。除前面的销量表外,如果还有如下的商品单价和单位利润表(见表 2),则各门店的营业额和营业

表 2　　　　　　　　　　　　　　　　　　(单位:元)

商品	单价	单位利润
商品 A	20	5
商品 B	100	20
商品 C	15	4

利润如下：门店 1，营业额 $= 80 \times 20 + 25 \times 100 + 120 \times 15 = 5\,900$（元），
利润 $= 80 \times 5 + 25 \times 20 + 120 \times 4 = 1\,380$（元）；门店 2，营业额 $= 45 \times 20 + 30 \times 100 + 85 \times 15 = 5\,175$（元），利润 $= 45 \times 5 + 30 \times 20 + 85 \times 4 = 1\,165$（元），则有如表 3 所示的营业额和利润表格。

表 3   （单位：元）

门店	营业额	利润
门店 1	5 900	1 380
门店 2	5 175	1 165

表 3 用矩阵表示，即为

$$\begin{pmatrix} 80 & 25 & 120 \\ 45 & 30 & 85 \end{pmatrix} \begin{pmatrix} 20 & 5 \\ 100 & 20 \\ 15 & 4 \end{pmatrix} = \begin{pmatrix} 5\,900 & 1\,380 \\ 5\,175 & 1\,165 \end{pmatrix}。$$

矩阵乘法这样定义的一个更重要的因素是来自数学中的线性变换。假设有如下变量之间的关系：

$$\begin{cases} z_1 = -y_1 + 2y_2, \\ z_2 = 2y_1 + y_2; \end{cases} \cdots\cdots \text{①} \qquad \begin{cases} y_1 = 3x_1 + 2x_2, \\ y_2 = x_1 - 2x_2。 \end{cases} \cdots\cdots \text{②}$$

将②式代入①式，有

$$\begin{cases} z_1 = -x_1 - 6x_2, \\ z_2 = 7x_1 + 2x_2。 \end{cases} \cdots\cdots \text{③}$$

这些变换可以用矩阵来表示，变换①，②，③分别可表示为

$$\begin{pmatrix} z_1 \\ z_2 \end{pmatrix} = \begin{pmatrix} -1 & 2 \\ 2 & 1 \end{pmatrix} \begin{pmatrix} y_1 \\ y_2 \end{pmatrix}, \quad \begin{pmatrix} y_1 \\ y_2 \end{pmatrix} = \begin{pmatrix} 3 & 2 \\ 1 & -2 \end{pmatrix} \begin{pmatrix} x_1 \\ x_2 \end{pmatrix},$$

以及 $\begin{pmatrix} z_1 \\ z_2 \end{pmatrix} = \begin{pmatrix} -1 & -6 \\ 7 & 2 \end{pmatrix} \begin{pmatrix} x_1 \\ x_2 \end{pmatrix}。$

$\begin{bmatrix} -1 & 2 \\ 2 & 1 \end{bmatrix}$，$\begin{bmatrix} 3 & 2 \\ 1 & -2 \end{bmatrix}$ 和 $\begin{bmatrix} -1 & -6 \\ 7 & 2 \end{bmatrix}$ 分别称为变换 ①，②，③ 的系数

矩阵,可见 ③ 式的系数矩阵就是 ①，② 式系数矩阵的乘法,即

$$\begin{bmatrix} -1 & -6 \\ 7 & 2 \end{bmatrix} = \begin{bmatrix} -1 & 2 \\ 2 & 1 \end{bmatrix} \begin{bmatrix} 3 & 2 \\ 1 & -2 \end{bmatrix}。$$

可见,这样规定矩阵乘法既是实际计算的需要,也是数学理论的需要,是十分自然的。

矩阵乘法还有一个比较奇怪的性质。众所周知,两个数 a 与 b 相乘,总有 $a \times b = b \times a$,这就是乘法交换率。但对于矩阵乘法,若以 $\boldsymbol{A}$, $\boldsymbol{B}$ 表示两个矩阵,通常 $\boldsymbol{A} \times \boldsymbol{B}$ 与 $\boldsymbol{B} \times \boldsymbol{A}$ 并不相等。以上面的系数矩阵为例:

$$\begin{bmatrix} 3 & 2 \\ 1 & -2 \end{bmatrix} \times \begin{bmatrix} -1 & 2 \\ 2 & 1 \end{bmatrix} = \begin{bmatrix} 1 & 8 \\ -5 & 0 \end{bmatrix} \neq$$

$$\begin{bmatrix} -1 & -6 \\ 7 & 2 \end{bmatrix} = \begin{bmatrix} -1 & 2 \\ 2 & 1 \end{bmatrix} \times \begin{bmatrix} 3 & 2 \\ 1 & -2 \end{bmatrix}。$$

这就是说,矩阵乘法与相乘的两个矩阵的前后次序有关。

矩阵乘法的不可交换性也说明变换和其次序有关。旋转是一种变换,可以用矩阵来表示,比如在空间坐标系 $Oxyz$ 中,绕 x 轴旋转 $90°$ 和绕 z 轴旋转 $90°$ 的系数矩阵分别为

$$\begin{bmatrix} 1 & 0 & 0 \\ 0 & 0 & -1 \\ 0 & 1 & 0 \end{bmatrix}，\begin{bmatrix} 0 & -1 & 0 \\ 1 & 0 & 0 \\ 0 & 0 & 1 \end{bmatrix}。$$

显然,先绕 x 轴旋转 $90°$、再绕 z 轴旋转 $90°$ 与先绕 z 轴旋转 $90°$、再绕 x 轴旋转 $90°$ 的结果是不同的,而前者的系数矩阵为

$$\begin{pmatrix} 0 & -1 & 0 \\ 1 & 0 & 0 \\ 0 & 0 & 1 \end{pmatrix} \begin{pmatrix} 1 & 0 & 0 \\ 0 & 0 & -1 \\ 0 & 1 & 0 \end{pmatrix} = \begin{pmatrix} 0 & 0 & 1 \\ 1 & 0 & 0 \\ 0 & 1 & 0 \end{pmatrix},$$

后者的系数矩阵为

$$\begin{pmatrix} 1 & 0 & 0 \\ 0 & 0 & -1 \\ 0 & 1 & 0 \end{pmatrix} \begin{pmatrix} 0 & -1 & 0 \\ 1 & 0 & 0 \\ 0 & 0 & 1 \end{pmatrix} = \begin{pmatrix} 0 & -1 & 0 \\ 0 & 0 & -1 \\ 1 & 0 & 0 \end{pmatrix},$$

两者也不相同。

　　矩阵乘法的不可交换性这一点与数的乘法完全不同,乘法交换律是如此地理所当然,以至于遇到不可交换的矩阵乘法时让人们心存疑惑。然而,不可交换的矩阵乘法在量子力学的创建中发挥了重要作用。

　　1925 年前后,基于经典力学的旧量子论已经走到末路,客观上需要新的理论来取代。1925 年夏,时年 24 岁的海森堡 (Werner Heisenberg, 1901—1976,见图 1) 为躲避花粉过敏

图 1

来到赫尔格兰(Helgoland)岛,在岛上,海森堡以其天才的创造力构建了一套全新的量子理论。然而,他的新理论却必须借助一种奇怪的乘法,这种乘法的结果取决于相乘的次序,即 $A \times B - B \times A$ 未必是 $\mathbf{0}$,这一点困扰着海森堡。海森堡从赫尔格兰岛回到哥廷根,将其论文交给他的老师玻恩(Max Born,1882—1970)。终于有一天,玻恩想起曾经学过的矩阵乘法,原来,海森堡用到的乘法正是矩阵乘法。尽管矩阵理论早在半个多世纪前已经建立,矩阵乘法

对数学家来说已经毫不奇怪,但对于大多数物理学家来说还是个新鲜事。后来,玻恩与其学生约旦(E. P. Jordan)和海森堡一起,用矩阵论完善了海森堡的理论,后人称其为矩阵力学,这正是量子力学的重要组成部分。海森堡因其在创建量子力学理论中的重要贡献,于 1932 年获得诺贝尔物理学奖。

复旦大学数学科学学院　邱维元

聪明人的对策及纳什均衡

有一个激发学生智力的测试题目可能大家都已知道。老师拿了5顶帽子——3顶白帽子和2顶黑帽子——给3个聪明的学生看,然后他让学生们闭上眼睛,在每人头上戴上一顶白帽子,并将2顶黑帽子藏起来。每个学生只能看到另外两个学生头上的帽子,看不到自己头上的帽子。问学生们能否猜出自己头上帽子的颜色?据说,这个问题是华罗庚先生在爱因斯坦提出的问题的基础上经过改进后提出的,也称为"华罗庚帽子问题"。

初一看问题似乎无解,每个学生看到另外两个学生戴的是白帽子,那么自己戴的可能是剩下的1顶白帽子和2顶黑帽子中的一个,无法确定自己头上帽子的颜色,因此他们都犹豫了。但这是3个非常聪明的学生,不一会儿,他们不约而同地举手告诉老师猜到了自己头上所戴帽子的颜色。他们是怎么做到的呢?假设3位学生是甲、乙、丙,学生甲假想自己头上戴的是黑帽子,那么学生乙将看到1黑1白两种颜色的帽子,在这种情况下乙就会很快知道自己戴的不可能是黑帽子,否则,学生丙将不假思索地立刻猜出自己戴的是白帽子。现在乙和丙都在犹豫,不能马上猜出,说明他们看到甲戴的不是黑帽子,从而甲就能猜出自己戴的必定是白帽子。同样,乙和丙也能猜出自己戴的是白帽子。非常神奇吧?看来聪明的学生能得出一般人认为不可能的结论。

上面的问题只是小学生奥数水平的问题,下面这个"海盗分金问题"稍微复杂些。这个问题首先出现在 1999 年《科学美国人》杂志上。传说有 5 个聪明的海盗,一同抢得了 100 个金币,要进行分赃。这些海盗有严格的等级,按等级高低分别称他们为老大、老二、老三、老四和老五,他们的分配规则还算民主:先由等级最高的海盗提出一个分配方案,然后全体海盗投票决定是否接受方案,如果半数或半数以上的海盗同意,那么就按这个方案分配,否则就将提出方案的海盗扔到海里,由下一个等级最高的海盗重新提出分配方案,并继续投票,依此类推。海盗们以下面的原则作出自己的决定:首先要保命,这当然是最重要的;其次要保证自己的利益最大化,即得到尽量多的金币;最后,在不损害自己利益的情况下,能够害人绝不会仁慈。这里还要对海盗的特性做一下交代,这是一批非常聪明而理性的海盗,他们一定会作出对自己最有利的决定;海盗们还是极端自私的,互不相信他人,不会结成同盟。那么问题来了,老大现在该作出怎样的分配方案? 直觉上,老大为保命,大概不能拿得太多,以保证其他海盗通过他的提议。但意外的是,老大提出的分配方案和我们的直觉大相径庭:他给老三、老五各一个金币,老二、老四一个不给,剩下 98 个金币都留给了自己。难道他不怕其他几个海盗都投反对票,然后把他扔到海里吗? 不会的,老大自信这样的方案可让老三、老五投赞成票,加上自己一票,有超过半数的 3 票来通过他的方案。

为什么呢? 要想作出最优的决策,不妨倒过来想一想最后剩下的海盗会作出怎样的决策。假设只剩下老四、老五两个海盗,老四会怎么分配? 很明显,老四自己的一票就能保证他的方案会通过,他可以完全忽略老五的存在,把 100 个金币全部留给自己,老五一个金币都得不到。现在把老三考虑进来。老三要想自己方案获得通过,自己的一票不够,他还需要拉拢一个海盗。老四是无任如何也不会投赞成票的,将老三扔进海里他可以获得最大收益 100 个金币,因此,老三拉拢的只能是老五。给老五多少呢？一个金币足够了，一个金币总比一无所获强，老五一定会投赞成票。这样，老三的最佳方案就出来了：就是自己拿99个金币，老四一个不给，老五一个金币，即按海盗等级从高到低排列，他的方案是(99，0，1)。接下来，考虑老二参与，老二也只要拉拢一个海盗就行，同样的考虑可知老二只要给老四一个金币即可，即他的方案是(99，0，1，0)。回到一开始的情形，老大的方案就显而易见了，他需要拉拢2个海盗，这只要给老三、老五各一个金币即可，即老大的最佳方案是(98，0，1，0，1)，这就是一开始给出的方案。这样，老大既能保命，又获得了最大的利益，看来做老大还是好啊。只是做老大好是好，风险还是很大的。不但要自己聪明，还要手下也个个聪明，要是有一个傻瓜，比如老三傻傻地认为一个金币太少，那老大的性命就很危险了。

要是让老大直接在所有可能的方案中找出最佳方案这是一件十分困难的事，上面这种从一个最简单情形出发逆向递归寻找最优方案是一个非常有效的方法。事实上，前面的"帽子问题"的解决也可以使用逆向递归。由此，我们不难将上述"帽子问题"和"海盗分金问题"推广到更多帽子、更多海盗的情形，对"帽子问题"可推广到 n 个学生 $n-1$ 顶帽子的情形；对"海盗问题"则是：当6个海盗时，老大的最佳分配方案是(98，0，1，0，1，0)，7个海盗时是(97，0，1，0，1，0，1)，依此类推。不过当超过200个海盗时，这个方案需要修改了，因为老大用于贿赂其他海盗的金币不够了，这时，老大是否只有被扔进海里的命了呢？聪明的读者，你能帮老大找到保命方案吗？

上面的问题是在有限多个方案中选出一个最佳方案，如果有无穷多个可选方案，有没有找到最佳方案的可能呢？我们来看看下面的"约会问题"。有两位聪明的经理人，在一个酒吧偶遇，却一见如故，聊得非常投机，相约第二天再在同一间酒吧见面。可能是有点喝高了，他们只约定在0点到1点之间见面，没有讲定具体时间。更糟糕的是，他们只顾聊天，都忘了问对方的联系方式，并且他们知道，经理人都很高傲,先到的人只会等 10 分钟,10 分钟过后等不到人就会离开。那么,这两位经理人能在第二天见到面吗?

显然,两人第二天有可能见上面(两人到达酒吧的时间间隔不超过 10 分钟),也有可能见不到(两人到达酒吧的时间间隔超过了 10 分钟),这是一个概率问题。事实上,这个问题是大学概率论教科书中的一个例题或者习题,要求计算两人能够碰面的概率。通常是这样计算的:将经理人甲到达酒吧的时间记为 x,经理人乙到达酒吧的时间为 y,均以分钟为单位,则 $0 \leqslant x, y \leqslant 60$。以 x 为横坐标、y 为纵坐标建立坐标系,则甲乙的到达时间 (x, y) 就落在如图 1 所示的 $[0, 60] \times [0, 60]$ 的正方形中。而甲、乙能够在酒吧见面等价于他们到达

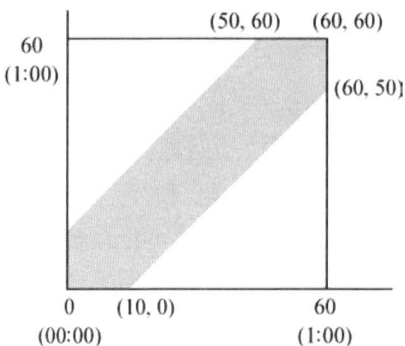

图 1

的时间间隔不超过 10 分钟,即满足 $|x-y| \leqslant 10$,而满足 $|x-y| \leqslant 10$ 的点 (x, y) 落在正方形中两条直线 $y = x - 10$ 和 $y = x + 10$ 之间的阴影部分。如果两人到达的时间是随机的,则他们能够碰面的概率就是阴影部分的面积和整个正方形的面积之比,计算得到这个概率是 11/36。也就是说他们只有不到 1/3 的机会见上面。

难道说能否再见面只能听天由命? 要知道这两个经理人很聪明,他们也相互知道对方很聪明。他们可不会随机地在 0 点和 1 点之间的某个时间到酒吧赴约,他们会选择一个他们认为最合适的时间到达酒吧。显然,这个时间不会是 0 点整,如果经理人甲在 0 点整到达,那么只有乙在 0:00 到 0:10 这 10 分钟内到达才能碰上,他们能见面的概率只有 1/6。往后延一点,比如在 0:01 到达,则乙在 0:00 到 0:11 这 11 分钟内到达他们都能碰上,见面的机会增加了。

甲到达的时间继续向后延，他们见面的机会还会继续增加，直到甲在0:10到达，此时乙只要在0:00到0:20之间到达，他们就能碰上，见面的概率上升到1/3。因此，既然在[0:00，0:10]这个时间区间内到达酒吧，见面的概率不是最大，那么在该时间区间内到达就不是最佳选择，聪明的甲是不会选择在这个时间区间内到达酒吧的，对称地，他也不会选择在时间区间(0:50，1:00]内到达，这样甲的最佳选择应该出现在[0:10，0:50]的某一刻。可是，不管甲在此时间区间内何时到达酒吧，都是当乙在甲到达的前后10分钟内到达才能碰面，见面的概率都是1/3。这似乎在[0:10，0:50]中随机选一个时间到达都一样，无法确定一个最佳时间。

　　但是，在没有选出一个最佳方案前，甲是不会就此停止思考的。他知道乙和他一样聪明，同样不可能在[0:00，0:10)和(0:50，1:00]内到达酒吧。因此，他们两人都只会在[0:10，0:50]之间到达酒吧，这等于将原来约定的时间区间缩短为一个新的时间区间[0:10，0:50]。当然，时间区间缩短了，他们见面的机会就会增加。更为重要的是，他们可以对新的时间区间做和前面一样的思考，结果是可以将到达的时间区间进一步缩短为[0:20，0:40]。好了，现在可以明白了，这个区间还可以进一步缩短，最佳的时间也就出来了，那就是0:30。毫无疑问，甲和乙都会选择0:30到达酒吧，这对双方来说都是最佳的选择，他们百分之百能再次见面，而且根本就不用等。怎么样，是不是很佩服？读者如果遇到类似的情况，而你的约会对象也比较聪明，不妨试一试这个策略。

　　上面的例子来自博弈论，是一个关于时间的博弈，而双方选择的时间0:30被称作一个纳什均衡点，这是一个最佳选择，见面机会为100％，等待时间是0。在上面的例子中，博弈的参与者之间无法进行沟通合作，只按自己利益的最大化作出选择，称为非合作博弈，这是著名数学家、经济学家、诺贝尔经济学奖获得者约翰·纳什（John Nash，1928—2015)（就是美国电影《美丽心灵》中的天才约翰·纳什)考虑的问题。而所谓"纳什均衡"是非合作博弈中的这样一个策略组合:博弈的参与者都选定了一个策略,在其他参与者都不改变自己策略的情形下,任何参与者单独改变策略将不会获得更大的利益。因此,纳什均衡是一个稳定的状态,在这个状态下,对每个参与者而言是不得不选择的最优策略。

不过,纳什均衡对博弈的全体参与者来说未必是全局最优的。著名的"囚徒困境"就能说明这个问题。警察抓住了两个窃贼,控告他们犯有抢劫罪。警察将两人分别带到两个隔离的审讯室审讯,并告知他们:如果两人都认罪,将各判 5 年监禁;如果两人都不认罪,则各判 1 年监禁;如果一人认罪,另一人不认罪,则认罪者将被释放,不认罪者将被判 10 年监禁。那么,两个窃贼是选择认罪还是不认罪呢? 考虑其中一个窃贼,如果他选择认罪,那么可能的结果是判 5 年(另一个窃贼也认罪)或者 0 年(另一个窃贼不认罪);如果他选择不认罪,那么可能的结果是判 10 年(另一个窃贼认罪)或者 1 年(另一个窃贼不认罪)。显然,选择认罪远远好于不认罪,如果两个窃贼都是理性的,他们就都会选择认罪,这样两人各判 5 年。两人都选择认罪就是一个纳什均衡,但这对两个窃贼来说显然不是最佳的选择,因为他们还有一个更好的选择,就是两人都不认罪,此时他们只各判 1 年。但是这个最佳方案是不稳定的,他们无法选到这个最好的方案,即使他们在被捕前商量好拒不认罪,在隔离审讯时他们也不敢不认罪:谁能保证对方不会因为那个有可能被释放的诱惑而背叛自己? 选择认罪尽管不是最优的,至少还是次优的。

但是,纳什均衡也有可能产生两败俱伤的情况。假设一个小镇上有唯一一家鸭脖店,不妨称其为 A 记鸭脖店。鸭脖的成本是 2 元,售价为 10 元。由于小店的鸭脖做得味道十分鲜美,价格对小镇上的人来说完全能够接受,因此一直生意很好。有一天镇上突然新开了一家鸭脖店,称其为 B 记鸭脖店,B 记的鸭脖做得和 A 记一样美味,成本售价也完全相同。这样,小镇上买鸭脖的顾客有差不多一半流向了 B 记。A 记显然不能接受这种情况,即出一招:降价到 9 元销售。这样顾客就全都回流到 A 记了,A 记的生意依然很好。但 B 记也不傻,立马降价到 8 元。这样你来我往,激烈的竞争导致两家最终都以成本价 2 元销售,这就是一个纳什均衡点。每一家都不能再降价,否则将是亏本销售;也不能单独提价,否则意味着没有销量。可见,尽管 A 记、B 记两家店每一步都是为了自己利益最大化,可最终的结果是两家都受损,真是两败俱伤。这种情况在市场恶性竞争中经常出现。

纳什均衡理论是对市场经济中亚当·斯密(Adam Smith,1723—1790)"看不见的手"原理的挑战:按照斯密的理论,在市场经济中,每一个人都从利己的目的出发,而最终全社会能达到利他的效果。但是我们可以从纳什均衡中看到,从利己目的出发,结果损人不利己,既不利己也不利他。可见,市场经济也不是万能的。

复旦大学数学科学学院 邱维元

大数据

——受想形识,亦复如是

　　"大数据"这个新名词,近来总在不同的媒体出现。大数据的浪潮扑面而来,自然会伴随着大量的泡沫。究竟什么是大数据,好像不同的人有着不同的理解与解读,但感觉总体形象还是不十分清晰。如果说数据科学,那就比较容易理解了:是关于对象为数据的科学,而大数据应该是数据科学中的问题,是数据科学中尚未解决的问题,是数据科学中的一个研究领域。那么,大数据与传统的数据科学有什么差异呢?大的一个直接解释是多。但是我认为,数据多并不自然就是大数据,譬如:小孩子背圆周率,不可能全部背出来,因为这是一个无限小数,也就是说数据无限多。但是数学早已经给出了多种不同的计算方法,你可以想要精确到多少位就精确到多少位,同时也可以证明,不可能在有限的时间内背完圆周率。我认为,凡是数学已经给出方法计算的都不能算作大数据,或者说用现有的数学方法处理的数据都不能算作大数据。当然,可以发展并行计算、云计算等新的计算方法来提高其运算速度。

　　数据科学的第一个基本问题是排队,数学上叫排序。你可以像幼儿园老师一样,一个一个地拉来排好,这叫串行算法。到了小学高年级,如果全体同年级孩子重新排队,可以在各班排队的基础上,让各班从高到矮排好,然后列队走来,校长只要比较各列第一个的高矮逐个放行,这叫并行算法。如果大量的中学生以上的成年人要排队,那么你可以采用云计算的办法,让他们自己判断可能在什么位置附近,然后自觉地与边上的人比较,交换调整。

那么什么是大数据呢? 我们还是从什么是应用数学,或者什么是数据讲起。数据科学是应用数学的核心组成部分。应用问题要提高到科学的层面,或者说可以思考分析的层面,要通过一个交流的界面或接口,而交流的媒介一定就是数据。人与外界的交流也是如此。我们现在与外界的交流越来越依赖于各种电子产品,几乎任何信息都可以转化为数字或数据进行。笼统地讲,数据科学涉及:数据采集、描述、表示、分析、重构、理解、演绎、挖掘等部分。而大数据与传统的数据科学的差异,我认为主要在于:数据的异源、异构,不能直接嵌入经典的数学空间,含有深层的隐藏信息,以及与已经获得的经验数据的联系、融合。这是大数据研究的挑战性所在。

为什么要研究大数据,当然是为了提高我们对现实世界的认识,使之达到大智慧。佛学中称为"般若波罗蜜多",所以在这里引用"般若波罗蜜多"心经:"受想形识,亦复如是"。这里我改动了一个字,将"行"改成了"形"。

受——就是感受,就是数据采集;

想——就是数据分析;

形——是形成概念,是数据重构,形成人脑中的世界;

识——是对数据解读,进而成为对现实世界的理解,并可以为己所用。

下面准备就这 4 个方面谈谈我对大数据的理解。

受——数据采集,人是怎么感受世界的? 还是要引用心经:"眼耳鼻舌身意"。眼睛看到的东西我们可以用数字照片记录下来,耳朵听到的可以用数字录音,视网膜、耳蜗中的绒毛及听骨记录的,如同计算机中视频、音频文件,也是有限的离散数据。电子鼻、糖度仪在一定程度上模拟了鼻舌。"身"是触觉，也有不少仪器模拟它，人们制造了大量的仪器，如红外遥感、X 波雷达、CT 等来模拟而且扩充了人类采集数据的能力。而"意"的解释稍微困难一些，那是第六感，用数学语言说就是通过异构数据的协同计算获得的信息，蝙蝠可以通过听声音来辨别前方的物体，而一个人如果能够听音辨物，就会被认为具有特异功能。

再问一个问题：人可以从鼓声听出鼓面的形状吗？纯粹数学家找到了两种构造复杂的鼓面（见图 1），证明了它们发出相同的声音。而对于应用数学家来说，纯粹数学家的这个结论（人们无法区分这两种不同鼓面形状发出的声音）事实上告诉我们，如果只有圆、椭圆、三角、四边、六边、八边等简单鼓面形状的鼓，人们是可以通过训练（数学上是学习算法），从鼓声中区分鼓面形状的。如果你的上司发火时会伴随着脸部的肌肉抽搐，当你半夜从睡梦中被一阵电话铃声叫醒，听到他在电话里对你咆哮，虽然你没有看见他，你的脑海中一定会出现那张变形的脸，或者说你甚至可以听出表情。这好像是超能力，我更愿意把它叫做隐性能力。X 波雷达、红外遥感也是如此。所以，数据科学首先要在数据采集上将看不见、听不见的数据转换为看得见、听得见的数据，将不是用通常的数据采集手段采集的数据转换为通

图 1

常的数据表达形式,以扩充、提高我们采集数据的能力,特别是拓展隐性能力。反过来,心理学家也做过实验:将一个每秒24帧图像的影片,每24幅后加一张图片,可以是血腥的,甚至只是写上一句令人沮丧的话,然后以每秒25帧的速度播放。播放时人们一般不会发觉有什么异样,但当看完整部电影之后,人们就会感觉非常地不舒服。这也叫暗示,某种信息在不知不觉中传到并且记录在你的脑中。近年来,有不少科幻影片就通过手机等植入广告式地发送隐藏信息以控制人们的思想。甚至有传言,美军在伊拉克战场就已经采用这种战术,在战场上用超声波播放伊斯兰教祷告的录音以瓦解对方的斗志。开发利用数据采集与播放发送的隐能力,是数据科学特别是大数据的重要领域。

得到数据以后还需要记录。对于多元、多源、异构、海量数据的记录是数据科学在数据采集方面的第二个问题。人脑记录数据利用了脑细胞,并同时激活了它们之间联系的神经,也就是说,同时记录了数据本身和这些数据之间的关系,甚至是跨结构的数据间的联系。跨结构数据关系的记录研究是数据结构研究中还几乎少有涉及的领域。在我们浏览网页时,下面“浏览过该网页的人还浏览了猜你也喜欢的网页链接”信息,给我们带来许多方便(同时一定程度上也控制了人们的思想,植入性地引导人们去看网站希望你去看的信息)。网站在记录网页及浏览网页的人员同时记录了(由浏览者自己,可以说是用云计算的方法得到的)网页间的联系。网络上各计算机节点的描述,基础的是每个计算机上的文件(文本、音频、视频,以及驱动这些文件的软件程序)本地联系或连接处理,完成本地计算机的工作功能。进一步地还有计算机间的连接与问题处理,网络间联系可以处理远程计算,远程云检查病毒、杀病毒,甚至是多架无人机远程精确打击。博客是通过点击率提升博主地位的。大家都知道科技文章中有个影响因子,即有多少文章在引用你的文章,在ISI网页上不仅可以查到引用情况,还可以查到二次引用,即有多少文章在引用曾经引用过你的文章。这个结果不仅反映了你的文章的引用情况,还确切地反映了被你的工作影响的研究人员的地位与影响力,从而更加全面地反映你的文章的影响力。这些都可以被认为是在做云计算,在不知不觉中把有意义的作品推到了你的面前,节省了你自己搜寻的时间。

想——数据分析。首先是去噪,譬如现在好的相机都有防抖功能,这是利用数学方法获得去除噪音的图片;再一个是滤波或者说信号分离。在宁静的山村,早上醒来,听到几拨鸡叫,你会记得有几只鸡,它们在哪几个方位。这里你做了现在称为机器学习或学习理论的事情:识别与分类。你把一些鸡叫声归为一类,识别出这是同一只鸡的叫声,同时分辨出有几只鸡。看了一个网页时,你会记住一些关键词,或者说提取了特征统计量。在记录图片时,记住的不会是图片每一个点的颜色(BMP 文件),而主要是一种印象,或者说是印象派的图像。我们知道印象派有两种:一种是高更的,是导数、图像边缘突现;一种是莫奈的,模糊化的,可能是 JPG 文件(数学中称为小波框架的图像,见图 2)。这也就是压缩感知。把数据进行降维、压缩,记

图 2

住我们想记住的东西，用尽量少的脑细胞记住一件事情。数据处理的一个重要组成部分是数据的降维，譬如人脸识别。如果我们可以简单刻画（用简单函数表示）这个人的像片所在的那个低维流形，那么我们就很容易地识别出那个人。降维的主要数学方法是主成分分析，也就是特征提取。统计中的均值方差都是数据的某种特征。可以说任何科学及数学问题的处理无不遵循这个原则，即找出主要矛盾与次要矛盾的关系。譬如，勾股定理（又叫毕达哥拉斯定理）的原意是划出方块的土地。地球是圆的，根本没有方块的意义。但我们的先贤把它看成是在一个平面上的问题，得到了这个漂亮的结果，并且广泛地进行了应用。现在看来在地球表面上用勾股定理画方块，显然是错的。欧几里得空间是数学的基础，但也经常限制了人们的思想自由。而爱因斯坦（Albert Einstein，1879—1955）发现世界上根本就没有直线或者平面。光线走的并不是直线。这里不是单纯的数学问题，而是一个哲学问题——时空的关系，我们是用地球绕太阳转一圈来定义"年"的，或者更加精确地用"光"走的路程来定义"秒"的，同时在应用中又用时间来定义路程——光年。JPG还把一个大概印象放在高层，而将细节放在底层，并逐渐细化地显示。心理学家也做过实验，让许多人快速看一些图片，然后让他描述所看到的内容，这就是印象。研究发现人的印象也可以分为两类：高更型可以归于逻辑思维型——将图像分片，每片用一种颜色表示；莫奈型可以归于形象思维型——是细节图像模糊化的结果。当然，更多人的印象介于这两者之间，融合了这两个压缩感知的方法。

数据从数学上来说主要表现为点或高维空间的点，函数离散化以后还是点，算子离散化以后是矩阵或张量，仍然是高维空间的点。通俗地讲，数据处理就是处理高维空间的点之间的关系。而点之间的关系是由距离（注意：通常不是欧几里得的距离）或连接图、连接路径组成。这在数学上用转移矩阵表示，或者说这是复杂网络的动力学问题。要找到点之间的关系，通常首先要给每个点或点簇、点云一个地名,这个地名通常是模糊的,它由这个抽象的点或点簇所表示的具体对象的一些关键词组成,这时学习理论的两个根本问题又出现了:一个是模式识别,就是寻找关键词、特征;一个是分类或者聚类,把相近或相异的关键词用数学表示出来。接下来是一个在数学上还只是知道皮毛的问题,就是用数学来研究词典、语义学、句法分析、人物关系、段落大意及文章主题。

形——数据重构。通常认为数据有三元的结构属性:真实的存在、记录的数据、人类的理解。人脑形成的对该事物的理解与采集的数据是有差别的,而采集的数据与该事物的真实存在也总是有差别的。不可能采集事物的全部数据,人脑对真实事物的理解会比采集数据更全面。记录的数据通常是有容余的,同时又是不全面的。譬如,我们有一个人在不同环境下的大量照片,这些照片中有些部分是重复的,通常脸部最多,但又不完全重复,因为角度可能不同,光照可能不同,表情可能不同。我们把"Redandency"翻译成"容余"而不是"冗余",是想说明这些信息是有重复,但它对信息重构不是完全没有用的,是一种"灰色信息"。当从真实存在的事件中采集数据以后,人脑会对其复原或重构,在人脑中形成对该事件的形象或理解——脑海中的世界。譬如,手机基站每隔几秒钟就要采集你的手机的位置,这样他就可以给出你的行进路线图,这在数学上叫做插值与逼近。如果是多人的问题,那么这是一个随机图的动力系统。如果你从一个手机基站走到另一个手机基站,那么这里有一个关系矩阵或转移矩阵。人们总是将获得的信息或数据去噪、解构、分类后重构、安装到自己已有的知识结构中。譬如,你阅读了本文,如果可以马上背出全文,那么你一定患有自闭症。聪敏的你会把本文的观点进行分解、提炼,分为有用的和没用的、你已经知道的和新的、对的且重要的、错的但也还是重要的、无所谓的,等等。你会忘记没用的、旧的、无所谓的,而将有用的、新的、重要的融入你的思想结构,激活有关的神经与脑细胞。形象地说,你是将本文剪下一些合适的碎片,作为补丁,修补你的思想结构。因为获得这些观点还可能有其他渠道和来源，你会在对这些观点进行分析，特别是在批判性分析的基础上，综合形成自己的观点。对于信息有多个来源、你该信谁的问题，就犹如一个专家系统。譬如，许多软件可以自动进行天气预报，但结果一般不完全相同，医生看病也是如此。最为简单的是加权平均，比较地相信权威。但你会得出更为聪敏的结论，知道在什么问题上应该更相信谁，并且一定会以非常大的权保留你自己固有的思想。用数学的语言说，你会将问题升维，在一个更加高的思维层面上考虑问题。"克莱因瓶"不能在三维空间用函数描述，但在四维空间可以用数学描述。复数、四元素正是用来处理这样的问题。所以，为了更好地处理数据，升维是数据处理的一个重要方法，在一个更加高的思维层面上考虑问题，以便更好地看到主要矛盾与主要矛盾的关系。而这就涉及异构数据的融合问题。还是要请读者注意，安装一般不是欧几里得的张量积，数学叫做直接和。上面讲过勾股定理，这实际上是伟大的数学家毕达哥拉斯、欧几里得的思想局限。再问一个基本的哲学问题：宇宙是有限的还是无限的？这个问题要放到四维以上的空间才能更好地进行描述。人在三维空间内，总认为我们所处的空间是平直的。当时，毕达哥拉斯（Pythogoras，约前580—约前500）已经生活在三维空间了，但他还是把地球球面看成平面，更何况一只只能生活在地球表面的两维空间小虫。可以设想我们生活的空间在更高维的空间且不是平直的，称为流形。那么是怎么弯曲的呢？从三维看两维，弯曲分成椭圆、抛物、双曲等类型。如果是椭圆形的，那么可能是有限的，否则可能是无限的。还有个问题：什么叫宇宙？如果把宇宙定义为可以到达并且回来的所有位置，庞加莱猜想说的就是所有的闭曲线可以收缩为一个点的流形同胚于球面的一部分，也就是没有亏格，或者形象地说没有洞。如果有亏格，那就是环面或者是多个黏在一起的环面。在三维空间中我们看到过平面吗？平面只是想象出来的东西。我们看到的三维空间中的曲面都是某个有限实体的表面或者说边界。它们都同胚于多个黏在一起的环面。所以说,宇宙更有可能是一些高维空间的三维环体连接在一起的。最近人们用数学讨论办公室的人际关系,如《红楼梦》、《悲惨世界》中的人物关系,发现他们也可以嵌入或黏贴到一个或几个环面上。这就是庞加莱猜想的魅力。几乎任何的数据关系都可以黏贴(嵌入)多个黏结在一起的环面上。环链好像是数据关系的普遍形式。

识——数据挖掘、预测、利用。数据都已经成为海量数据了,但总还是有限的,也就是说,对于真实世界的描述我们可以获得的数据还是太少太少。我们还在瞎子摸象阶段。经典的数据科学回答说大象像簸箕。因为问的问题是大象像什么,而采集到的数据只有大象的耳朵。作为大数据,首先应该通过其他途径的经验数据综合认识到大象的耳朵像簸箕,然后还可以综合采集其他部位的数据的结论,形成对整个大象的描述。在数据重构中,人们应该得到比采集数据更多的东西,根据经验恢复部分的缺省数据。譬如,对于大楼,我们得到的是物理真实存在的一些不完整的信息,在人脑中形成对大楼的了解。物理存在的内容是完整的事实,可以看到或了解的只是其中很少的一部分。譬如,只是一张斜角包含大半个正面的照片,但由对称性等经验,在人脑中形成的影像会更全面。如果我们有高楼的下面几层的照片,其中窗户是清晰的,同时又有该高层建筑的远距离照片,窗户不怎么清晰,那么在人脑中形成的将是一张窗户清晰的整体照片。人脑有非常强的数据解构、重建及根据经验再融合重构的能力。大数据就是希望利用数学通过计算机来实现这个能力,并且希望比人类做得更好、更快,特别是大数据分析中,希望完成利用人力几乎不可能完成的任务。看到半张脸、半幢大楼,那么根据对称性,我们对整体会有一个更加全面的形象概念。当你下一次从另外的角度看见他时,你还会认识他。那么半句话呢?前几天我在某城市就看到一个被树木遮住一半的城市公益广告牌上写有"花一样的……"。因为是市府公益广告,第一反应是"花一样的城市",提醒保持环境卫生之类;后来看见边上是一所小学,我想到了"花一样的年华",提醒过往行人要遵守交通规则;当然脑海中还出现了"花一样的笑容"、"花一样的美丽"等句子。走近一看是"花一样的钱,办更大的事"。这是经验数据在起作用,可见我的经验是比较浪漫的,局限在花朵的花,与现实有一定的距离。当然,可以用数学的方法处理这样的问题,譬如在百度上键入"花一样的",然后就可以得到非常多的信息,聚类分类后统计一下,就可以得到某种结果出现的概率。但是不要忽略这是市府的公益广告,边上有学校等这些只有在具体事件发生地才会出现的非直接信息或可采集到的数据。这些信息通常是有用的,并且可能是起决定性作用的。而在上面的例子中,也可能是误导信息。大数据就是要处理并合理利用这样的信息。现在许多案件的破获都利用摄像头的视频信息。譬如波士顿爆炸案,是由一系列的模糊信息导致的越来越清晰的结论:炸弹包裹是黑色手提包,有带黑色棒球帽者提着黑色手提包,带黑色棒球帽者经常与带白色棒球帽者在一起。带白色棒球帽者的脸部清晰照片经警察局比对后,发现该人有案底记录。但要处理这些照片需要很多工作量,这些工作有时只靠人力还不行。每个人只能处理一部分照片,而更为关键的是将各照片中的模糊结论或模糊概念联系起来是模糊的还是更为清晰的结论。首先应该整理这些照片得到一些关键词,最好在照片的拍摄过程中照相机就已经进行了自动处理(离线处理、预处理)。譬如现在你用 iPad 拍照,照片上不仅有你拍照的时间,还有你拍照时 GPS 定位的坐标,如将拍照时人脸搜寻的信息也加进去,记下有几个人等,并将这些进一步的信息放在照片附带的说明文件中。关键词或者说标签最好是标准化的,当然越标准化越会流失一些可能有用的模糊信息。由于视角的不同与关心问题的角度不同,每个人选择的关键词或者标签也是不同的,是个性化的,这样又导致了个性化关键词的语义模糊匹配问题。在数学上,对个体智能或底层数据处理的研究已经达到很高的阶段,并且可以说已经看到了基本解决此类问题的曙光。但对群体智能,如何融合多个个体智能的高层数据结构的处理、描述、传输,以及动力系统行为的研究还处在一个刚刚起步和黑暗的阶段,也就是说大数据处理的高层云模糊设计的数学描述,是大数据处理是否可以有所斩获的关键。具体就是如何整理非结构化的数据,使之成为拟结构化的、半结构化的或者结构化的数据,同时又不丢失可能有用的信息。

对于数据结构,最后我特别想对框架说几句。大家都知道基或坐标。点、函数都是由基的线性组合来表示的。基表示有个缺点,就是当某个数据(坐标、表示系数)损坏时是没有办法恢复的。而在紧框架下,数据有自我修复功能。这个革命性的表示方法,在图像处理中已经得到了大量的应用。

总的来说,大数据研究是用数学或者数据来描述、理解现实世界,而学习是完成"受想形识",达到"般若波罗蜜多"的唯一途径。

复旦大学数学科学学院   吴宗敏

(本文摘自《科学》2014 年第 66 卷第 1 期,《新华文摘》2014 年总 549 期第 9 期,此处文字略有改动。)

第一张对数表是
怎样制作出来的？

在 400 多年前，人类还没有发明计算机，还只能做加、减、乘、除等简单运算。但是随着科学技术的发展，特别是随着天文学和力学的迅速发展，科学家要面对许多复杂的计算，这就促使他们去寻找简化复杂计算的方法。对数运算与对数表就是在这样的背景下产生的。

人们应该把造出第一张对数表归功于乔伯斯特·别尔基（Jobst Burgi，1552—1632）和约翰·纳皮尔（John Napier，1550—1617）。他们在制作对数表的过程中所花费的巨大劳动使人惊讶。法国数学家和天文学家拉普拉斯（Pierre-Simon Laplace，1749—1827）曾说过：一个人的寿命如果不拿他在世上的时间长短来计算，而是拿他一生中的工作多少来衡量，那么可以说，对数的发明等于延长了人类的寿命。

恩格斯曾经将解析几何、对数及微积分并列为 17 世纪 3 个"最重要的数学方法"，而对数的计算又离不开对数表，由此可知对数表的制作成功对科学发展的重要意义。

乔伯斯特·别尔基出生于瑞士，是一个能干的钟表匠和天文仪器技师，他没有受过高等教育，他取得的成就完全是靠他突出的才能与勤奋的工作。他和发现行星运行三大定律的德国著名科学家开普勒(Johanns Kepler，1571—1630)一起工作，因为需要进行大量的计算，这就促使他去寻找快速计算的方法。

约翰·纳皮尔是苏格兰人，他也不是职业数学家，但他受过良好的教育，是一个天文学和数学的爱好者。他完全独立地和别尔基同时开展着类似的研究。他用了 20 年的时间来制作第一张对数表，在这一过程中，他始终怀着一个崇高的目标：减轻未来计算人员的劳动。

下面我们来看看他们是怎样制作对数表的。

由于对数运算有换底公式 $\log_a N = \dfrac{\log_b N}{\log_b a}$，因此只要选择一个适当的底，关于这个底制作出对数表，则关于其他底的对数表就很容易制作出来了。那么以什么数作为底最合适呢？

首先，对数表需要满足一个基本条件：表中对数的间隔要充分小，而真数的间隔也要充分小（如为 0.000 1）。这样，当我们从真数求对数时，很容易在表中找到这个真数的精确值或近似值，从而很快在同一行读出它的对数值；而当我们从对数求真数时，也很容易在表中找到这个对数的精确值或近似值，从而很快在同一行读出它的真数值。

因为我们使用的是 10 进制，所以先试一下以 10 作为底是否合适（见表 1）。

表 1

对数底 $a = 10$	
$\lg N = \log_{10} N$	N
0.000 0	1
0.000 1	$\sqrt[10\,000]{10}$
0.000 2	$\sqrt[10\,000]{100}$

（续表）

$\lg N = \log_{10} N$	N
0. 000 3	$\sqrt[10\,000]{1\,000}$
0. 000 4	$\sqrt[10\,000]{10\,000}$
...	...

表 1 左边对数部分的间隔很小，是 0. 000 1，但右边真数部分的计算非常困难，需要对 10，100，1 000，10 000 等数求 10 000 次根，这简直是无法计算的。

为了避免求上述的开 10 000 次根的运算，我们应该取某个数的 10 000 次幂为底，那么先取 $10^{10\,000}$ 作为底来试一下（见表 2）。

表 2

对数底 $a = 10^{10\,000}$	
$\log_a N$	N
0. 000 0	1
0. 000 1	10
0. 000 2	100
0. 000 3	1 000
0. 000 4	10 000
...	...

现在表 2 右边真数部分的计算并不困难，但这张表不符合我们的要求：虽然对数的间隔比较小（0. 000 1），但是真数的间隔太大，而且增加太快。

我们把底缩小一点再试一下,取 $2^{10\,000}$ 作为底(见表3)。

表 3

对数底 $a = 2^{10\,000}$	
$\log_a N$	N
0. 000 0	1
0. 000 1	2
0. 000 2	4
0. 000 3	8
0. 000 4	16
...	...

底缩小后,真数这一列间隔也缩小了,但是仍然太大,而且增加也很快。我们把底再缩小一点试一下,取 $\left(1+\dfrac{1}{2}\right)^{10\,000}$ 作为底(见表4)。

表 4

对数底 $a = \left(1+\dfrac{1}{2}\right)^{10\,000}$	
$\log_a N$	N
0. 000 0	1
0. 000 1	1. 500 0
0. 000 2	2. 250 0
0. 000 3	3. 375 0
0. 000 4	5. 062 5
...	...

从以上几张表我们可以发现，我们取的底应该是一个指数形式，指数是一个比较大的数，如 10 000，而底越接近 1，真数这一列的间隔就越小。于是可以自然地想到以 $(1.000\ 1)^{10\ 000}$ 作为底试一下（见表 5）。

表 5

对数底 $a = (1.000\ 1)^{10\ 000}$	
$\log_a N$	N
0.000 0	1.000 000
0.000 1	1.000 100
0.000 2	1.000 200
0.000 3	1.000 300
0.000 4	1.000 400
…	…
0.000 9	1.000 900
0.001 0	1.001 000
0.001 1	1.001 001
…	…
0.005 0	1.005 012
…	…
0.006 0	1.006 018
…	…

我们发现表 5 已经满足前面提出的要求：真数和对数都按照单调增加的序列排列，而且间隔都非常小。

表 5 的对数是按等差数列排列，公差为 $d = 0.0001$，真数是按等

比数列排列,公比为 $d = 1.000\,1$,这样造表就比较容易了。

从以上讨论可以得出这样的结论:为了造第一张便于计算的对数表,必须取形如 $a = \left(1 + \dfrac{1}{n}\right)^{n}$ 的数为底,其中 n 为一个较大的整数,如 $n = 1\,000$,$10\,000$ 等,n 越大,所造的表越精确。

别尔基造的对数表就是用数 $(1.000\,1)^{10\,000}$ 做底的,这张表在 1620 年出版,称为"算术级数和几何级数表"。别尔基从 1603 年到 1611 年共用了 8 年的时间来造表。为什么要用这么多时间呢? 你们可以想一下,表中对数的间隔是 $0.000\,1$,从 0 到 1 就要计算 10 000 个真数的值。制作整个对数表,别尔基总共做了 230 000 000 个以上的数依次乘以 1.000 1 的乘法计算!

别尔基造的对数表没有得到广泛的推广,因为在 1620 年纳皮尔出版了比别尔基造的表完善得多的对数表,称为"珍奇对数表"。纳皮尔的对数表是以 $(1.000\,000\,1)^{10\,000\,000}$ 做底,因此更加精确。为了制作这张表,纳皮尔用了 20 年的时间。

随着牛顿(Isaac Newton,1643—1727)和莱布尼兹(Gottfried Wilhelm Leibniz,1646—1716)创立了微积分,柯西(Cauchy,1789—1857)和魏尔斯特拉斯(Weierstrass,1815—1897)等人奠定了微积分的基础,建立了严格的极限理论。人们发现当 n 无限增加时,数列 $\left(1 + \dfrac{1}{n}\right)^{n}$ 的极限存在,这个极限是一个无理数,等于 $2.718\,281\,828\,45\cdots$,数学家把这个数用字母 e 来表示,是为了纪念伟大的瑞士数学家欧拉(Leonhard Euler,1707—1783)。为了纪念纳皮尔,这个数也叫做"纳皮尔数"。

因此,现在用的对数有两种:一种叫自然对数,它以数 e 为底;另一种叫常用对数,它以 10 为底。

复旦大学数学科学学院　　陈纪修

芥子须弥

——圆周率 π 的秘密

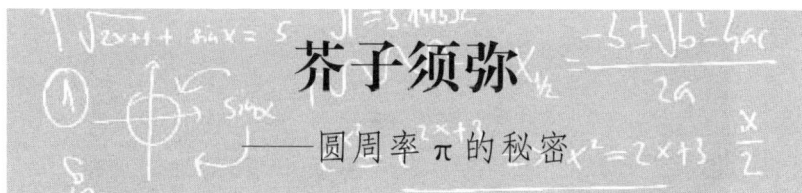

——你可以保持沉默，而你想要说的一切，都已经作为呈堂证供，记录在 π 之中了。

几年前在德国马堡附近，参观了一个青少年科技活动馆。那里有台计算机正在运行着计算 π，小数点以后一位一位地算下去，现在到底计算到第几位了，我也搞不清楚。而这台计算机同时提供的一个游戏，给我留下深刻的印象。就是只要输入生日，譬如我的生日是 1957 年 6 月 25 日，输入"250657,"计算机就可以告诉我，我的生日出现在 π 的小数点后 1 427 419 位到 142 725 位之间，之前出现的是…19 243 987，之后出现的是 018 412 953…。花费时间 1.155 秒（见图 1）。我询问了科技馆的工作人员，他们说到现在还没有碰到过找不到自己生日的人。事实上，这台计算机已经验证了任何的 6 位数都可以在 π 中找到。

那么，有一个有趣的问题：是否 π 中包含了更多位数的整数？进一步地，是否 π 中包含了任何位数的任何整数呢？

我们知道，数是从自然数、整数、有理数、无理数、超越数发展而来的。有理数是一次整系数代数方程 $px = q$ 的根，这里 p，q 是整数。两次整系数代数方程的根就包含了一些无理数，譬如 $\sqrt{2}$，由有理

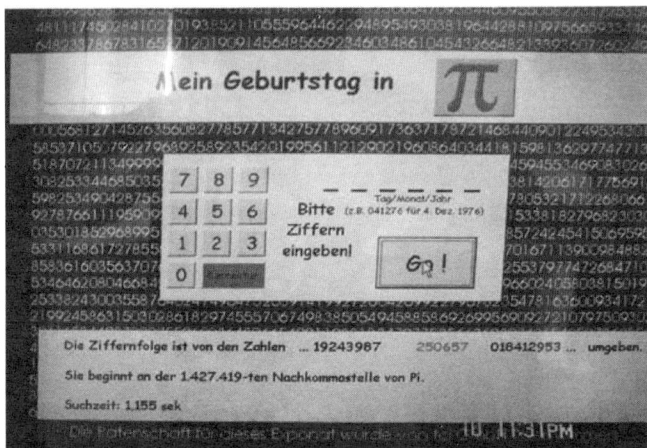

图 1

数与整数开根号,再通过加减乘(数学上称为代数)组成。三次整系
数代数方程的根就包含了更多的内容,不仅包含两次根,它还包含了
整数开三次根。这样我们就把无理数进行了分类,分成了一个包含
一个的无理数集合的嵌套,因为二次方程的根同时也是三次方程的
根。这些数称为代数数,因为它们都是某个代数方程的根。但 π 不
是代数数,它不能写成代数方程的根,而是超越数。超越是指它已经
不能写成任何的代数方程根的形式,所以更加复杂,或者说更加无
理。数学证明代数数比有理数多,而超越数比代数数还要多得多,实
数中几乎都是超越数。世界就是这样,总是魔鬼比天使多,无理的比
有理的多,甚至是越无理越多。

对于有理数与无理数还可以有另外的一个嵌套分类方法。(0,
1)之间的无理数是无限位的小数,有理数后面填上零也可以看成无
限位的小数。在这个无限位小数中,包含 0 到 9 任何整数的是第一
类,还包含 10—99 所有整两位数的是第二类。这样也形成了一个包
含一个的无限位小数集合的嵌套。

　　显然,存在这样的无限位小数,它包含所有的不论多少位的整数,或者说现在这样分类的超越数。我们很容易地就构造出一个这样的无限位小数,只要数数,然后一个接着一个写在后面就可以了。这个数是 0. 123 456 789 101 112 131 415 161 718 192 021 22 232 425 262 728 293 031 3…, 对于这个数,如果整数 n 是 L 位的,那么上面这个数前 10 的 $(L+1)$ 次方位中,肯定包含了 n 甚至所有的位数不大于 L 的整数。显然,这样的构造是非常浪费的。个位数 0 到 9,12,23,21 等在后面又重复出现,前面的可以去掉。那么就有了一个新问题,怎么写出一个最短的小数,包含所有 0 到 n 的整数。(方法刚才已经给了,只要把前面已经出现的去掉,这可以看成数论中经常用到的筛法。这是最短的了吗? 最短的这样的数,位数究竟是几?)

　　我们可以用概率论的方法证明,一个非常乱地(随机地)排列的无限位小数,一定以概率 1 包含了任何整数 n。假设每添加一位小数都是从 0 到 9 平均地随机取的,这个整数 n 是 L 位的,记 N 为 10 的 L 次方,那么在写下 $(L+M-1)$ 位小数后出现了 M 个 L 位整数,所以不出现某 L 位整数 n 的概率是 $(N-1)/N$;再一起 M 次方,令 M 越来越大,趋于无穷大,得到下面的结论:不出现 n 的概率是零,从而每次都是随机添加的无限位小数,会以概率 1 在某处出现任何给定的整数。具有这样性质的无限位小数也具有某种超越性。在了解了超越数比代数数多得多的概念后,具备现在这种超越性的无限位小数可能也有许多,可能无限位小数中的绝大多数,与经典的超越数一样,是具备这种超越性的无限位小数。我们将在下一篇《芥子须弥 —— 圆周率 π 的秘密的进一步讨论》中给出证明。

　　一个有趣的问题或者猜想是:是否超越数都具备这个性质? 或者说,哪些数具备这个性质? 更加具体的问题是:圆周率 π 是否是具备这种性质的数? π 这个数当然是超越数,每一位的添加看起来非常没有规律,或者说好像是随机添加上去的。利用上面关于概率的公式(上面假设 0 到 9 出现的概率相同,不相同时结论也是对的,证明思想也是相似的)，如果我们已经将 π 写到了 2 000 位，那么某 6 位数不在其中的概率是 0.999 999 的 1 994 次方。如果写到 20 000 位，那么某 6 位数不在 π 中的概率是 0.999 999 的 19 994 次方。所以人们有理由给出这样的猜想：π 应该是具备这种超越性质的无理数。根据这个思想，我们好像已经用概率论证明了这个命题：任何一个整数，以概率 1 会出现在 π 中的某一段。

当然这个证明是数学不严密的，读者可以自己构造这样无限位小数，不是有理数，但不具备这个性质(答案在下一篇《芥子须弥——圆周率 π 的秘密的进一步讨论》中)。所以对于数学家来说，用数学严密地证明 π 是这样的超越数会是一个非常有趣的问题。

最近大家都在讨论大数据，好像没人会认为 π 这个数属于大数据范畴。因为 π 只是一个数，而且可以由圆的直径与周长的关系描述。但是上面的讨论告诉我们，π 很可能是满足这种超越性质的超越数，那样真如佛祖在须弥山讲道时所说的，须弥山可以装进一粒芥子之内。我们知道现在几乎所有的东西都可以通过计算机数字化，不仅我们的生日，我们的银行卡密码，我们的照片，我们的讲话录音、录像，甚至这篇文章的文本文件(注意：还是在写这篇文章之前)，可能早已经是记录在 π 中的一段了。"你现在不要说话，因为你想要所说的一切，都已经在 π 中的一段里出现过了。"不仅是内容，而且还包括语调语气。如果你用声音播放软件来播放 π，就会在某时刻听到你将要说的话，看到你将要写出的文章，或者是明天要交给老师的作业、交给老板的求职信或计划书。

对于已经储存在计算机中的内容，世界上所有的数字存储介质中的内容，还只是有限位的，或者说只是一个整数。我们录下来的所说过的话，我们的数字照片、录像，我们写的文章，这个我们是指我们所有的人，甚至还包括古人。数字化后竟然还只是在有限位整数范畴。即使再过几年，不，几百万年，我们的后代子孙，全体人类所能够做的，并且记录到数字介质中的人类活动的所有内容，这些也还只是有限位整数,而且可能早已经被记录在 π 中的一段里。你难道不感到震惊吗?

这里还涉及一个更加重要的问题,那就是上帝的存在性与世界发展的决定性问题。

如果 π 确实包含任何的整数,那么上帝存在的可能性也就大大提高,他只要画一个圆,让世界按周长与直径的比这个剧本去像电影那样演就行了。或者说上帝拿一个硬币,在周边随便画几个点,放在一条直线上向前滚,这样就画出了一个条形码,然后用整数条形码识别器去识别,读出来后用 Mpeg 软件像放电影一样放映出来。那么一定会在某时某刻放映出来的就是现在正在上演的那部热门电影,或者是你明天的活动记录。当然这也导致了决定性论,即世界的发展在上帝画那个圆时就已经决定了,你只能听天由命。

上面提到,这样的数也可以通过随机取值得到,那么上帝的角色就不那么重要了。我们的世界只是随机产生的,现在只是一段在无限的随机序列中看上去比较有序的数段而已。颠倒梦想,究竟涅槃。上帝还是只要使用这个硬币,拿着它往上扔,然后把正反面记录下来,放到 Mpeg 软件中去放映。历史将要发生什么,那要看上帝下一个硬币扔出来的结果。这将导致不可知论,或者说世界是上帝在玩骰子而存在、发展的。

当然更有可能的是,下一个随机数是我们人类自己取的,是人类活动在影响、推动、改变着明日世界的发展。

问题:编一个程序,用公式 $\pi/4 = 1 - 1/3 + 1/5 - 1/7 + 1/9\cdots\cdots$,一位一位地去计算 π,注意计算机的存储,有限时间的计算都是有限位的。

复旦大学数学科学学院　吴宗敏

(本文摘自《数学文化》2015 年第 4 期,此处文字略有改动。)

芥子须弥
——圆周率 π 的秘密的进一步讨论

在《芥子须弥——圆周率 π 的秘密》(以下简称《π 的秘密》)中讲到,超越数比代数数多得多。实数几乎全部都是超越数。这里我们希望证明,实数几乎全部都满足:写成无限小数以后包含任何的整数。也就是说在《π 的秘密》中定义的超越数也几乎占据了实数中的全部。

首先我们证明,一个无限小数中不出现 0 到 9 中的一个(譬如 0)的集合是一个零测集,即把它们放在一起,其长度为零。

把(0,1)区间 10 等分,再 10 等分,如此一直等分下去。那么在小数点后第一位出现 0 的数在第一次等分区间的第一个区间,我们把这个区间挖去,记得挖去 1 的 1/10 长度。剩下的 9 个区间第一位均不是 0,其中第二位出现 0 的是这些已经 10 等分后再 10 等分的第一个区间,我们再把这些区间也挖去。这时挖去了 9 个 1/10 长度中的 1/10,即 9/10 乘以 1/10 的长度。继续到 n 步,我们将要从长度是 9/10 的 n 次方中再挖去 1/10。这样继续做下去,我们去掉所有在某处出现 0 的数,其总长度如下:关于 9/10 的 n 次方求和,再除以 10。容易得到结果是 1。也就是说,剩下的在小数中永远不出现 0 的这些点的集合的测度(长度)为零。数学中称为零测集。零测集意味着我们可以用一个一个小区间将这些点"盖"起来,而这些覆盖小区间的总长度可以任意小。

另外一种计算步骤如下:利用数学公式,记第 n 步要挖去的区间长度为 a_n,已经挖去的总长度为 s_n,即 $s_n = \sum_{j=1}^{n} a_j$,那么挖去的是$(1 - s_n)/10 = a_{n+1}$,a_n 应该趋于 0,所以 s_n 应该趋于 1。

我们可以把小数中不出现 0 的数的全体的集合记成 N_0,把不出现 n 的记成 N_n。反之,将出现 0 的记成 Y_0,出现 n 的记成 Y_n。那么刚才我们已经证明 N_0 的长度或测度为 0,Y_0 的长度或测度为 1。在$(0,1)$区间任意取一点,那么这点落在 N_0 的概率为 0,而落在 Y_0 的概率为 1。反之,如果有$(0,1)$区间某集合,在$(0,1)$区间任意取点,落在该集合的概率为 p,那么这个集合的测度或者长度应该为 p。

在《π 的秘密》中提到:一个随机地一位一位写出来的,或者说均匀分布随机产生的无限位小数,它不包含整数 n 的概率为 0。所以 N_n 的测度也为 0,当然 Y_n 的测度也为 1。

对这个集合 N_n,我们可以找到一个总长度为 2 的 n 次方分之 ε 的小区间族把它覆盖起来。这样我们找到了一个总长度小于 2ε 的小区间族把所有的 N_n 覆盖起来。而 ε 是可以任意选的,或者说我们可以让它越来越小,趋于无限小,那么我们得到:所有 N_n 的集合的并集的测度为 0;反之,所有 Y_n 的集合的交集的测度为 1。

定理:在$(0,1)$区间任意取一点,它对应的实数展开的无限位小数表示中,包含任意整数 n 的概率为 1。用数学符号表示为 $\bigcap Y_n$ 的测度或长度为 1。通俗地讲,在区间$(0,1)$中,几乎都是《π 的秘密》中定义的超越数。

问题:是否所有的超越数都是《π 的秘密》中定义的超越数? 我们基本认为不是。这是基于猜想:两进制数 0.100 100 010 000 100 000 100 000 010 000 000 1…应该是超越数。这里 0 的添加是按正整数的增长添加的。这个猜想也有可能不对,好像太有规律了。但我们还可以猜想:按素数增长的添加应该是超越数,或者至少 0 的个数

是以 $n!$ 增长的,应该是超越数。但这个数不包含 11,111 等。

问题:(作为习题)如果在每一位 0 到 9 的添加时,概率不都是 1/10,譬如 j 出现的概率是 p_j,而 $\sum p_j = 1$。那么上面的结论是否成立?

回答:成立。

问题:上面将实数与(0,1)区间的点对应起来,实数用小数展开后第 n 个为 j 时,是在 $n-1$ 次 10 等分后再 10 等分的第 j 段中。这是数学的一个基本方法,就是将代数中的数与几何上的点建立了联系。那么,在上一个问题中,当每次 0 到 9 中的数 k 是以概率 P_k 添加时,如何构造相应的几何模型?(提示:上面的模型使用区间的长度,现在可以构造函数,然后用函数下方的面积构造模型。)

问题:(作为习题)上面的讨论是针对十进制的小数,对两进制或其他任意进制是否成立?

回答:成立,这应该还是概率论课程的基本习题。

这里要说一句,已经知道答案的习题不重要,当然可以用来训练自己。重要的是给出问题与问题可能答案的猜想,更为重要的是你自己给出新问题与新猜想。不要忘了,这个问题的基本猜想是 π 是《π 的秘密》中定义的超越数。当然 e 可能也是。

进一步的问题:是否有些代数数也是超越数?譬如 $\sqrt{2}$。那么,上帝就可以拿一个譬如正方形来创造世界了。

进一步的问题:如果 π 是超越数,那么在 N 位时可能已经出现了 N_n 个 n。当 N 趋于无穷大时,N_n 是否趋于无穷大?N_n/N 趋于什么?这个问题就涉及更加哲学或宗教的问题:如果宇宙寂灭了,是否还会凤凰涅槃?是否还会有多次涅槃?涅槃的频率是多少?当然这是基于假设上帝是用圆来创造世界的。

复旦大学数学科学学院　吴宗敏

(本文摘自《数学文化》2015 年第 4 期,此处文字略有改动。)

牛顿为什么相信上帝存在？

　　我一次去韩国中部的大田，在大田的世博会公园游玩，看到沿着主干道边有许多塑像，都是一些历史上著名的科学家。牛顿（Isaac Newton，1642—1727）的那尊塑像引起了我的特别注意，那是牛顿倚靠在一颗苹果树坐着，一颗苹果正砸在牛顿的头上，好像已经把牛顿砸昏了。雕塑家为了体现动感，半空中又有一颗苹果正在往下掉，快要砸向牛顿。上面苹果枝上还有一颗苹果也已经断了梗，马上也要掉下来。看起来，倒霉的牛顿会在几秒钟之内被苹果连续砸中几下。看到这尊雕像，我会心地笑了。一般人都没有被苹果砸中脑袋的机会，这可能也是一个有趣的数学问题，问一下身边的人，他在一生中被苹果砸中脑袋的概率是多少。当然，别人拿苹果扔你的不算。牛顿却正是那种极少数极幸运的一生中被苹果不知砸到多少次的人。他不仅被苹果砸到，发现了万有引力，发明了微积分，而且还发明了许多别人在他发明之后想学会或弄明白都还需要费尽脑筋的东西。

　　牛顿可以说是历史上最伟大、最有影响力的科学家，正是牛顿对世界的探索，使得人们开始对上帝的存在产生了怀疑。而牛顿自己却一直坚信上帝是存在的。牛顿在对科学的不断探索中发现，科学的发展还不足以解释基本的科学现象，这是他"不得已的选择"。

　　大多数人会奇怪：牛顿这么伟大的科学家为什么还相信上帝呢？

通常只是奇怪,绝大多数人并不真正关心答案,更少有人会用科学的态度去追寻这个答案。因为这其中涉及深奥的数学知识。

还是要从那颗苹果的下落——万有引力讲起。

万有引力一开始就是想回答地球怎么绕着太阳转的问题,称为两体问题。地球与太阳就好比网球与篮球,那么为什么我们没有看到过一个网球老是围着一个篮球转呢?万有引力就好比在两个球之间系上一根橡皮筋。橡皮筋拉力的大小等于 $m_1 m_2 g/r^2$,也就是万有引力的大小。这里 g 是重力加速度常数,m_1,m_2 分别为网球与篮球的质量,而 r 是两个球心之间的距离。你把这两个球用力地扔出去,如果没有地球吸引力与空气摩擦力,那么网球相对于篮球(就是把坐标放在篮球上,站在篮球上看那个网球)就画出了一条椭圆轨道。这个椭圆轨道的数学描述在学了微积分后容易导出。根据惯性定律,那个网球就永远地沿着这条椭圆轨道运行下去。回到原来的问题,就好比太阳与地球,旦复旦兮,年复一年,永远地这样运行下去。

还是把这两个球看成太阳与地球,那么再加上月亮呢?我们把它称为三体问题。也就是 3 个球,譬如刚才的网球与篮球,再加上一个乒乓球。如果它们也是由万有引力联系在一起的,会发生什么情况呢?

牛顿对 3 个球的三体问题进行了计算,发现找不到像两个球那样漂亮的椭圆轨道。3 个球总是越走越乱,不是撞在一起,就是越走越远,不能周而复始地运行下去。所以牛顿认为,我们的太阳、地球再加上月亮的系统是不稳定的。这是一件多么令人沮丧的事啊!旦复旦兮可以,在牛顿那里,日月光华好像就有点难了。

思想家是不会停止思想的,牛顿进一步地引导出两个更加本质的、你想描述世界而绕不过去的问题:

第一个关于两体问题,运行轨道倒是稳定的,但是一开始是谁把它们扔出去的呢?这就是所谓的"第一次推动问题"。

第二个关于三体问题。好像与我们的太阳、地球和月亮系统的现状不符,太阳、地球和月亮系统看上去好像稳定,已经运行了不知多少亿年,那么是谁在"照料"着这个不稳定的系统,圈着它,把它关进太阳系的笼子里,不让它乱跑的呢? 根据牛顿的计算,太阳、地球和月亮系统就好像3个调皮的小孩,它们之间的万有引力的联系不能将它们聚集在一起,但它们又跑不出这个小花园——太阳系,那么,是谁在担当着保姆,在它们或它们中的某个要跑出小花园时拉住或者叫住了它们呢?

牛顿实在找不到科学的答案,从而把第一次推动的功劳以及以后对太阳系照看的功劳都只能归于上帝。要不,你说是谁呢?

我们可以列出一些历史上曾经思考过这个问题的著名思想家。拉普拉斯(Pierre-Simon Laplace, 1749—1827)认为三体问题不可以有解析解。莱布尼兹(Gottfried Wilhelm Leibniz, 1646—1716)坚信上帝存在,而上帝是不会创造出这样混乱的世界的,所以他相信三体问题有稳定的解,当然这些结论是建筑在他们对这个方程进行仔细严密的演算基础上。瑞典国王奥斯卡二世曾设立了奖项,奖励能够解出三体问题解的科学家。庞加莱(Jules Henri Poincaré, 1854—1912)证明了可以有解析解,并且据说因此获得了这个奥斯卡奖。但后来自己又发现了证明过程中的错误,用奥斯卡奖的奖金买断了所有已经付印的论文,并且进行了销毁。这些科学家都带着信仰在努力地证明三体问题有稳定解,当然目的是想证明上帝的存在。同时,又遵循严密的科学思想,绝不想让自己的论点为后世留下诟病的瑕疵。

直到现在还有许多数学家及物理学家在研究这个问题,这个研究方向叫做动力系统。

太阳系是稳定的吗? 确定地说,答案还不知道。但由这个问题已经引出了许多深刻的结果,它们可能比问题本身的解答更为重要。

莫译(J. K. Moser, 1978)

大多数科学本质问题也是这样。可以用是或不是回答的问题都已经成为习题,对于思想家来说,它们属于低级的游戏,不怎么好玩。科学的本质是在研究问题的过程中创造性地提出新问题与新方法。真正好玩的游戏是可以一关一关地打下去,永远有新的惊喜与意想不到的状况、问题及解法出现。

复旦大学数学科学学院　吴宗敏

欧拉的公式

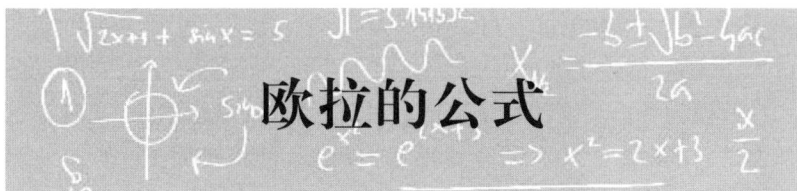

在数学史上欧拉（Leonhard Euler，1707—1783，见图1）被认为是继阿基米德（Archimedes，前287—前212）、牛顿（Isaac Newton，1642—1727）之后18世纪最伟大的数学家。欧拉1707年出生在瑞士的巴塞尔，13岁就进巴塞尔大学读书，得到当时最有名的数学家约翰·伯努利（Johann Bernoulli，1667—1748）的精心指导。欧拉知识渊博，创造力惊人，从19岁开始发表论文，直到76岁，半个多世纪

图1

里写下了886本（篇）书籍和论文，为我们留下了丰富的数学遗产，几乎每一个数学领域都可以看到欧拉的名字：从初等几何的欧拉线、多面体的欧拉公式、立体解析几何的欧拉角，到数论中的欧拉定理、级数论的欧拉常数、复变函数的欧拉公式、流体力学中的欧拉方程、计算数学中的欧拉方法，等等。欧拉还创设了许多数学符号，这些符号现已成为数学的通用符号，出现在我们的教科书和数学论文中，例

如,圆周率 π,虚数单位 i,自然对数的底 e,三角函数中的 sin,cos 和 tg,以及函数符号 $f(x)$ 等。

欧拉为我们留下的数学遗产,不仅包括他的数学结论,同时还有他那奇妙的数学思想。从欧拉那里,我们不仅能欣赏到他给出的漂亮定理和公式,还能学到他对数学的理解和解决问题的思想方法。19 世纪伟大数学家高斯(Johann Carl Friedrich Gauss,1777—1855)曾说:"研究欧拉的著作永远是了解数学的最好方法。"拉普拉斯(Pierre-Simon Laplace,1749—1827)也曾说过:"欧拉是我们所有人的导师。"本文通过介绍几个以欧拉命名的公式,来感受数学的美妙和欧拉优秀的思想方法。

一、关于复数的欧拉公式

在所有的数学公式中,被数学家公认为最美的数学公式就是

$$e^{i\pi} + 1 = 0,$$

这个公式也是以欧拉名字命名的公式之一。为什么说这个公式是最美的数学公式?它美在哪里呢?

在这个欧拉公式中,只包含 5 个常数(0,1,π,e,i)和 3 种运算(加法、乘法、幂运算),以及一个等号,形式极为简洁。但这 5 个常数可不一般,它们是数学中最重要的 5 个常数。在 0,1,π,e,i 这 5 个常数中,0 和 1 是算术的代表,它们分别是加法和乘法的单位元,即任何数加 0 还是原来的数,任何数乘 1 也还是原来的数,通过四则运算,0 和 1 可以生成所有有理数。π 和 e 都是无理数,其中 π 是圆周率,它来自几何,但不限于几何,在数学的每个领域中都能看到它的身影,"这个数渗透了整个数学"(陈省身语),其重要性不言而喻。e 是自然对数的底,也称为欧拉数,它来自分析,是微积分中最常见的常数,可以说没有常数 e,微积分就不会如此优美简洁。i 是虚数单位,来自代数,i 的出现将数从实数扩充到复数,从而使得任何代数方

程都有根,这就是代数基本定理,从此有了复变函数这个学科。而欧拉公式中的 3 种运算是最基本的数学运算,没有这些运算,就没有数学。

在这个欧拉公式中,每一个常数、每一个运算,以及那个等号,无一不是数学史的经典之作。这个公式是如此简洁和完美,没有任何冗余,却又缺一不可。而且,这些常数来历各异,分属不同的学科,欧拉公式却以这样和谐的方式将它们统一起来,无疑是一个奇迹,它深刻地体现了数学的美妙与和谐,无怪乎人们会认为它是数学中最美的公式。在法国巴黎发现宫 π 大厅的门框上,我们可以醒目地看到这个伟大的公式。

上述欧拉公式是如下更一般的欧拉公式的一个特殊情形:

$$e^{i\theta} = \cos\theta + i\sin\theta,$$

这里 θ 是实数,取 $\theta = \pi$ 就得到前面的那个公式。这个公式本身就极其优美,它建立了指数函数和三角函数之间不可思议的联系。有了它,很多三角公式就可以轻而易举地推导出来。有了这个公式,复数就有了模长-辐角表示,即 $z = re^{i\theta}$,这里 $r = |z|$,是复数 z 的模长,θ 是复数 z 的辐角。有了这个公式,就有了复数的指数函数。这个欧拉公式成为复变函数的基础。

二、关于巴塞尔问题的欧拉公式

无穷多个数相加称为无穷级数。我们知道无穷多个相同的正数相加,和一定是无穷大。那么,如果相加的数越来越小呢? 此时级数的和有可能是有限的,比如,公比为 $0 < q < 1$ 的等比数列的无穷和就是有限的。人们也早已知道,对如下的级数:

$$\sum_{n=1}^{\infty} \frac{1}{n^2} = 1 + \frac{1}{2^2} + \frac{1}{3^2} + \cdots + \frac{1}{n^2} + \cdots,$$

其和也是有限的。这是由于其部分和

$$S_n = 1 + \frac{1}{2^2} + \frac{1}{3^2} + \cdots + \frac{1}{n^2} \leqslant 1 + \frac{1}{1 \cdot 2} + \frac{1}{2 \cdot 3} + \cdots + \frac{1}{(n-1)n}$$
$$= 2 - \frac{1}{n} < 2 。$$

上述级数的和到底是多少呢？这个问题首先由皮耶特罗·门戈利（Pietro Mengoli，1626—1686）在 1644 年提出，许多数学家尝试过这个问题，比如，微积分发明人之一莱布尼兹（Gottfried Wilhelm Leibniz，1646—1716）考虑过这个问题，雅各布·伯努利（Jakob Bernoulli，1654—1705）也考虑过这个问题，但他们都失败了。于是，这个问题被冠以伯努利家乡巴塞尔的名字公之于世，被称为"巴塞尔问题"。然而，1735 年年仅 28 岁的欧拉解决了这个问题，并因此而成名。欧拉求出的和是 $\pi^2/6$，即

$$\sum_{n=1}^{\infty} \frac{1}{n^2} = 1 + \frac{1}{2^2} + \frac{1}{3^2} + \cdots + \frac{1}{n^2} + \cdots = \frac{\pi^2}{6} 。$$

我们也称它为欧拉公式。这是一个惊人的成果，这不仅仅是因为欧拉解决了一个长期没有解决的问题，还因为欧拉得到的结果实在惊人：一些自然数倒数的和居然出现了圆周率 π，真是不可思议！而更让人佩服的是欧拉求出这个值的方法是如此巧妙。下面我们就介绍欧拉的方法。

欧拉的方法是类比。我们知道如果一个 n 次多项式 $P_n(x)$ 的零点是 x_1，x_2，$\cdots x_n$，并且它们都不为零，则可以表示为

$$P_n(x) = a_0(1 - x/x_1)(1 - x/x_2)\cdots(1 - x/x_n)，$$

这里 a_0 是多项式 $P_n(x)$ 的常数项。

欧拉联想到正弦函数有一个无穷级数表示：

$$\frac{\sin x}{x} = 1 - \frac{x^2}{3!} + \frac{x^4}{5!} - \frac{x^6}{7!} + \cdots，$$

而左端函数的零点是 $\pm\pi$，$\pm 2\pi$，$\pm 3\pi$，$\cdots$，与多项式类比，应有

$$\frac{\sin x}{x} = \left(1 - \frac{x^2}{\pi^2}\right)\left(1 - \frac{x^2}{(2\pi)^2}\right)\left(1 - \frac{x^2}{(3\pi)^2}\right)\cdots,$$

将上式右边乘积展开,并和前面的无穷级数表示比较 x^2 的系数,立即就得到欧拉的公式。真是绝妙! 当然,欧拉的计算并不严密,以后他又给出了严格的证明,但欧拉思考问题的方法值得我们学习。欧拉后来把这个问题作了推广,他的想法被黎曼(Georg Friedrich Beruhard Riemann,1826—1866)所发展,定义了黎曼 ζ-函数,我们在后面再作介绍。

三、关于调和级数的欧拉公式

我们知道,自然数平方的倒数之和是有限的,欧拉告诉我们其和等于 $\pi^2/6$。而自然数的倒数之和却是无穷的,这个结论也是早就知道的。事实上,

$$\sum_{n=1}^{\infty}\frac{1}{n} = 1 + \frac{1}{2} + \left(\frac{1}{3}+\frac{1}{4}\right) + \left(\frac{1}{5}+\frac{1}{6}+\frac{1}{7}+\frac{1}{8}\right) + \cdots$$
$$> 1 + \frac{1}{2} + \left(\frac{1}{4}+\frac{1}{4}\right) + \left(\frac{1}{8}+\frac{1}{8}+\frac{1}{8}+\frac{1}{8}\right) + \cdots$$
$$= 1 + \frac{1}{2} + \frac{1}{2} + \frac{1}{2} + \cdots = \infty。$$

上述自然数倒数之和称为调和级数。既然调和级数之和等于无穷大,其部分和会随着项数 n 的增加而增加,那么其增长的速度有多快呢? 我们看看欧拉是怎么求解的。

牛顿曾经得到过一个对数的级数表示:

$$\ln(1+x) = x - \frac{x^2}{2} + \frac{x^3}{3} - \frac{x^4}{4} + \cdots,$$

因此

$$\ln\left(1+\frac{1}{x}\right) = \frac{1}{x} - \frac{1}{2x^2} + \frac{1}{3x^3} - \frac{1}{4x^4} + \cdots,$$

或者

$$\frac{1}{x} = \ln\Big(\frac{1+x}{x}\Big) + \frac{1}{2x^2} - \frac{1}{3x^3} + \frac{1}{4x^4} + \cdots。$$

将 $x=1,\ 2,\ \cdots,\ n$ 代入上式并求和得到

$$1 + \frac{1}{2} + \cdots + \frac{1}{n}$$

$$= \ln(n+1) + \frac{1}{2}\Big(1 + \frac{1}{2^2} + \cdots + \frac{1}{n^2}\Big) - \frac{1}{3}\Big(1 + \frac{1}{2^3} + \cdots + \frac{1}{n^3}\Big) + \cdots。$$

上面等式 $\ln(n+1)$ 后面各项之和随着 n 无穷增加还是有限的,这在巴塞尔问题那一节已经说明了。把这个和记为 γ,则有

$$1 + \frac{1}{2} + \cdots + \frac{1}{n} \approx \ln(n+1) + \gamma。$$

这表明,调和级数随项数 n 增长的速度与对数函数的增长速度差不多。常数 γ 被称为欧拉常数,$\gamma \approx 0.577\ 215\ 664\ 9$,这也是一个重要常数。不过我们对它的了解还很少,甚至不知道它是有理数还是无理数。

四、关于黎曼 ζ-函数的欧拉公式

前面已经说过,欧拉还将巴塞尔问题进行了推广,研究了如下级数:

$$\sum_{n=1}^{\infty} \frac{1}{n^s} = 1 + \frac{1}{2^s} + \frac{1}{3^s} + \cdots + \frac{1}{n^s} + \cdots。$$

这个级数当 $s>1$ 时,其和都是有限的。因此,可以看作 s 的函数。因后来黎曼对这个函数的深入研究,现在称其为黎曼 ζ-函数,记为 $\zeta(s)$。而欧拉得到了下面这个了不起的公式:

$$\zeta(s) = \sum_{n=1}^{\infty} \frac{1}{n^s} = \prod_{p为素数} \frac{1}{1-p^{-s}}$$

$$= \frac{1}{1-2^{-s}} \cdot \frac{1}{1-3^{-s}} \cdot \frac{1}{1-5^{-s}} \cdot \frac{1}{1-7^{-s}} \cdots,$$

称为欧拉乘积公式,其中 $\prod\limits_{p为素数} \frac{1}{1-p^{-s}}$ 表示对 p 取所有素数求乘积。

这个公式的伟大之处是将黎曼 ζ-函数和素数建立了联系,或者说将分析学和数论建立了联系,这使得可以用分析的方法来研究关于自然数的学问——数论了。在黎曼对 ζ-函数的深入研究后,一个在当时全新的研究数论的分支——解析数论诞生了。

那么,欧拉乘积公式是怎么得到的呢? 这和埃拉托色尼 (Eratosthenes,前 275—前 193)寻找素数的筛法有点类似。已知

$$\zeta(s) = 1 + \frac{1}{2^s} + \frac{1}{3^s} + \cdots + \frac{1}{n^s} + \cdots,$$

乘上第一个素数 2 的 $-s$ 次方(即 2^{-s}),得到

$$2^{-s}\zeta(s) = \frac{1}{2^s} + \frac{1}{4^s} + \cdots + \frac{1}{(2n)^s} + \cdots。$$

上式右端分母取遍所有偶数的 s 次方。与前一式相减得

$$(1-2^{-s})\zeta(s) = 1 + \frac{1}{3^s} + \frac{1}{5^s} + \cdots + \frac{1}{(2n+1)^s} + \cdots。$$

现在分母是偶数的 s 次方项都消失了,乘上第二个素数 3 的 $-s$ 次方(即 3^{-s}),得到

$$3^{-s}(1-2^{-s})\zeta(s) = \frac{1}{3^s} + \frac{1}{9^s} + \frac{1}{15^s} + \cdots + \frac{1}{(6n+3)^s} + \cdots。$$

再相减得到

$$(1-3^{-s})(1-2^{-s})\zeta(s) = 1 + \frac{1}{5^s} + \frac{1}{7^s} + \frac{1}{11^s} + \frac{1}{13^s} + \cdots。$$

现在等式右边分母为 3 的倍数的 s 次方项也消失了。这个过程无穷继续下去,取出所有素数后,得到

$$\cdots(1-11^{-s})(1-7^{-s})(1-5^{-s})(1-3^{-s})(1-2^{-s})\zeta(s)=1,$$

等价地,有

$$\zeta(s)=\frac{1}{1-2^{-s}}\cdot\frac{1}{1-3^{-s}}\cdot\frac{1}{1-5^{-s}}\cdot\frac{1}{1-7^{-s}}\cdot\frac{1}{1-11^{-s}}\cdots。$$

这就是欧拉乘积公式。

黎曼 ζ-函数 $\zeta(s)$ 的变量 s 可以扩充为除了 $s=1$ 外的所有复数,这个函数在 $s=-1,-2,-3,\cdots$ 有零点,除此之外,黎曼猜测 $\zeta(s)$ 的其他所有零点都在 $s=1/2+yi,y\in(-\infty,\infty)$ 所表示的直线上。这个就是著名的黎曼假设,这是当今数学界最重要的猜想之一,获得黎曼假设的证明是每个数学家梦寐以求的荣誉。

复旦大学数学科学学院　　邱维元

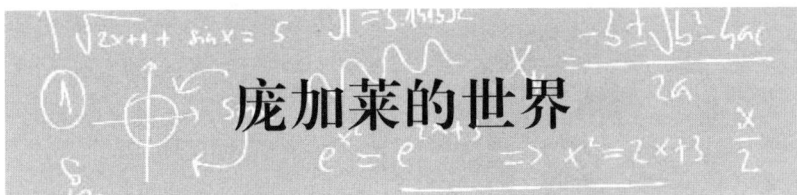

庞加莱的世界

在我们所生活的这个宇宙之外，上帝创造了一个与我们的宇宙完全不同的宇宙。在这个宇宙中，也有一个充满生机的世界，与我们不同的是，这个世界的人们都生活在一个星盘上——一个在我们看来大小有限的圆盘，我们把这个圆盘称为庞加莱星盘，这样一个世界称为庞加莱世界。

生活在庞加莱星盘上的人们(包括一切生灵物体)都有一个非常奇特的特点：从我们的角度看，这些庞加莱人的大小随他们在星盘上所处的位置而变化。当他们在星盘的中心位置时，他们身材比较高大，但当他们向星盘的边缘移动时，他们的身材会变小，其身材的大小差不多与他们到星盘边缘的距离成正比。这样，他们越靠近边缘其身材越小，当他们趋向于边缘时，他们的身材大小也趋向于零。当然，这是从我们的角度去看他们，他们自己却感觉不到自己的身材大小会有什么变化，他们认为到哪儿自己的大小都一样。

荷兰艺术家埃舍尔(Macerits Coruelis Escher)曾经用其神奇之笔画了多幅名为"圆的极限"的画，很好地阐述了庞加莱的世界，其中一幅画叫做"天使与魔鬼"(见图1)。在这幅画中，埃舍尔用大大小小的白色天使和黑色魔鬼填满了一个圆，中间的天使和魔鬼比较大，越靠近边缘的天使和魔鬼越小，直至小到看不见。不过这个圆盘描述

图 1

的是庞加莱世界,对这些天使和魔鬼本身来说,所有的天使和魔鬼都是一样大小,是完全平等的。他们并不觉得中间的天使比边上的天使更大、更高贵。同样,中间的魔鬼也并不比边上的魔鬼更大、更强壮。

那么,在庞加莱的世界里,他们的生活会是怎样的呢?

尽管在我们看来,庞加莱星盘是一个有限的圆盘,但对于庞加莱世界里的人们来说,他们觉得生活在一个无限的世界中。如果他们向星盘的边缘走动,越靠近边界,身材会变得越小,步伐也会变得越短,这样他会越走越慢,永远走不到星盘的边界。

按照庞加莱世界的特性,庞加莱人的身高和他们所处位置到星盘边界的距离大约成正比,从而他们的步伐长短也与到边界的距离成正比。不妨假设他们向边界走一步的大小是他们所在位置到边界距离的一半。如果一开始一个庞加莱人处于到边界距离为 d 的位置,向边界方向走去,则第一步步长为 $d/2$,此时他到边界的距离是 $d/2$,因而第二步步长为 $d/4$,到边界的距离也为 $d/4$,依此下去,n 步以后走过的路程为 $d/2+d/4+\cdots+d/2^n < d$。只要步数 n 有限,走过的路程永远小于 d。如果一直走下去,只会越来越靠近边界而到不了边界。

因此,这个我们看来有限的圆盘(庞加莱星盘)对庞加莱人来说,是一个永远达不到边界的无限世界,就像我们觉得我们的世界可以无限延伸,没有边界一样。这样,圆盘内的一条连接圆盘边界上两个点的线,对庞加莱世界的人们而言,是一条无限长的没有尽头的线。

现在看看如果庞加莱世界的人们要从一个地方走到另一个地方,他们会怎么走? 假设一个庞加莱人从星盘的中心出发走向某个地方,毫无疑问,他会沿直线向那个地方进发,尽管他会越走越慢,也不会绕着走,这是最经济的走法。但是,如果从一个靠近边缘的地方走向另一个靠近边缘的地方,他还会沿直线走吗？很有可能这两个地方的连线会整个都很靠近边缘(如图2中的直线所示),比如两地不是太远但离边缘非常近。由于庞加莱人在星盘的边缘处会变得很小,步伐也会很小,如果他沿着直线走,就会走得非常慢,不远的两地在他们看来也会觉得很远。要走得快一点,他会先向星盘的中心拐一下,沿一条向中心方向弯曲的弧线走到目的地(如图2中虚弧线所示)。这是由于如果向中心靠一下的话,他的身材会变大,步伐也会变大,走得就更快一点,尽管弧线看上去似乎比直线要长一些,但实际走的步数更少。也就是说,对庞加莱人来说,走弧线比走直线更短、更经济。如果将两点间的最短线定义为"直线段"的话,那么,在庞加莱星盘上,庞加莱人的"直线段"不是我们认为的线段,而是向中心弯曲的弧线段。再将这样的"直线段"两端延伸到星盘的边缘,就得到庞加莱星盘上的"直线"。正如前面所说,这样的"直线"是无限长的。

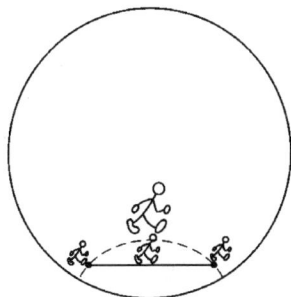

图2

在我们的世界里,如果我们沿直线走一段距离,在做3次左转90°并走同样长的距离,就会回到原来出发的地方,即我们沿正方形的边走了一周后会回到起点。但是在庞加莱星盘上,如果庞加莱人做同样的事,他们是回不到原来的出发地的。而如果他们做4次左转90°并走同样长的距离,倒有可能回到出发地(见图3)。奇特的庞加莱世界！

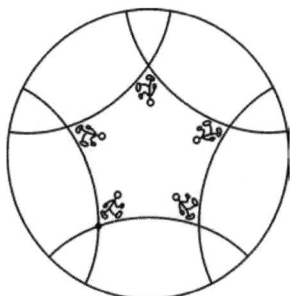

图3

　　上面所说的庞加莱世界,是法国数学家、被誉为数学界最后一个全才的数学大师——庞加莱(Jules Henri Poincaré, 1854—1912)为罗巴切夫斯基(Nikolas Lvanovich Lobachevsky, 1792—1856)的非欧几何所构造的一个数学模型,称为庞加莱圆盘模型。庞加莱认为罗氏非欧几何可以在一个圆盘上实现,只要在这个圆盘上把两点间的距离做一下修改。设这个圆盘是笛卡尔直角坐标系 Oxy 中的单位圆 D,即 $D = \{(x, y): x^2 + y^2 < 1\}$,在 D 中的点 $p = (x, y)$ 处很小一段线的非欧长度 $\Delta_h p$ 和我们熟知的欧氏长度 Δp 之间满足如下关系:

$$\Delta p = (1 - ||p||^2)\Delta_h p = [1 - (x^2 + y^2)]\Delta_h p,$$

这里 $||p|| = \sqrt{x^2 + y^2}$ 表示点 p 到圆盘 D 的圆心 O 的距离。如果非欧长度 $\Delta_h p$ 不变,当 p 向圆盘 D 的边缘靠近时,欧氏长度 Δp 将变小,并越来越接近于 0,并且当 $||p||$ 很接近 1 时,$\Delta p \approx 2(1 - ||p||)\Delta_h p$,即正比于 p 到圆盘 D 的边界的距离,正如我们在庞加莱星盘中看到的那样。上面的 $\Delta_h p$ 是充分小的一段非欧长度,对圆盘 D 中任意两点 p, q 间的非欧距离,可以计算(需要用到微积分)得到

$$d_h(p, q) = \cosh^{-1}[1 + \delta(p, q)],$$

其中

$$\delta(p, q) = \frac{2||p - q||^2}{(1 - ||p||^2)(1 - ||q||^2)}。$$

在这样的非欧距离下,圆盘 D 中的非欧"直线"就是那些和单位圆周 $x^2 + y^2 = 1$ 垂直的圆弧(如图 4 中的每一条圆弧)。正如前面所述,这些圆弧不是有限长的,而是无限长的"直线"。

　　下面通过几个例子来说明这个圆盘上的几何实现了罗氏非欧几何。罗氏非欧几何的主要假设是用如下非欧平行公设替代了欧氏几何的平行公设,即非欧平行公设:过给定直线外一点可以作多于一条

直线和给定直线平行。在这里,两条直线平行是指这两条直线互不相交。

在图 4 中,圆弧 l 是一条非欧"直线",过点 p 的 3 条圆弧 l_1, l_2, l_3 也都是非欧"直线",我们看到这些"直线"都与"直线"l 不相交,因此都是 l 的平行线,即过点 p 与"直线"l 平行的直线有不止一条,事实上可以有无穷多条,见图 5。

非欧几何的另一重要事实是三角形内角之和小于 $180°$。这在图 6 中立即可以看到。读者也可以通过庞加莱的圆盘模型找到更多的非欧几何性质,比如非欧几何中不存在矩形,即 4 个角都等于 $90°$ 的四边形。读者不妨自己试试看。

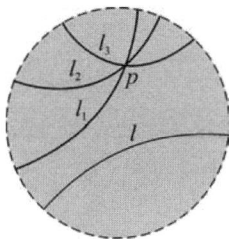
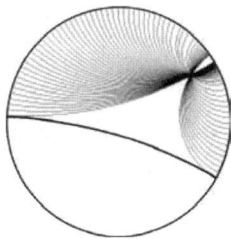
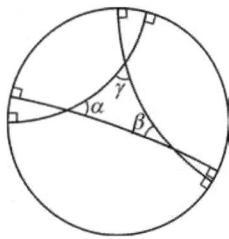

图 4　　　　　　　图 5　　　　　　　图 6

复旦大学数学科学学院　邱维元

奇妙的旋轮线

——摆线

一、什么是旋轮线

旋轮线(见图 1)是一轮子(称为母圆)沿一条直线(称为准线)滚动时,轮子边缘一点的运动轨迹。设半径为 R 的轮子置于平地上,开始时轮子边缘一固定点 A 与地面相接触。当轮子滚动时,求 A 点运动轨迹的函数表示。

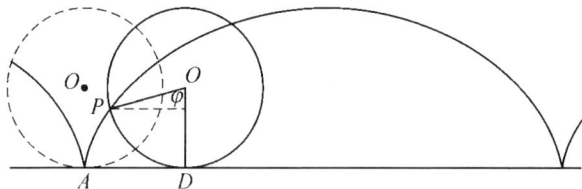

图 1

记旋轮线上一点 P 的坐标为 $P(x, y)$,要直接求出 y 与 x 之间的函数关系是困难的。但我们可以引进参数 φ,它表示轮子从开始滚动到定点到达点 $P(x, y)$ 时所转过的角度(用弧度制)。由于轮子是滚动运动,圆弧 PD 的长度与线段 AD 的长度都等于 $R\varphi$,于是有

$$\begin{cases} x = R(\varphi - \sin\varphi), \\ y = R(1 - \cos\varphi), \end{cases} \quad \varphi \in [0, 2\pi],$$

此即为旋轮线的参数表示。函数的参数表示是关于函数的一种间接表示方法,它通过坐标 x, y 与参数之间的函数关系,间接表示了坐标 x 与 y 之间的函数关系。

在函数的参数表示中,参数可以有多种选择,例如设轮子以固定的角速度 ω 匀速旋转,记转动的时间为 t,则有 $\varphi = \omega t$,所以我们也可以把时间 t 作为参数,这时函数的参数表示也称为时间参数化表示。对动点的描述,利用时间参数化表示有时会更为直观和简单。

二、旋轮线的性质

我们先来讨论旋轮线的性质。注意这样的事实:轮子滚动时,圆心的向前速度(即轮子的向前速度)等于轮子滚动的角速度乘以轮子的半径,也就是等于轮子边缘的切向速度。设母圆转动的角度为 φ 时,轮子边缘上的定点 A 到达旋轮线上的点 P(见图 2),这时定点 A 的运动速度是由两个方向的速度合成,一个是轮子向前运动的方向 $\overrightarrow{Pa}$,一个是轮子旋转产生的切线方向 $\overrightarrow{Pb}$,这两个方向速度的绝对值相等,夹角等于 $\pi - \varphi$。因此定点 A 的速度方向 $\overrightarrow{PT}$ 与水平线之间的夹角等于 $\dfrac{\pi - \varphi}{2}$。注意定点 A 到达点 P 时的速度方向 $\overrightarrow{PT}$ 就是旋轮线

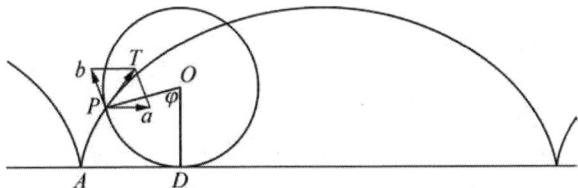

图 2

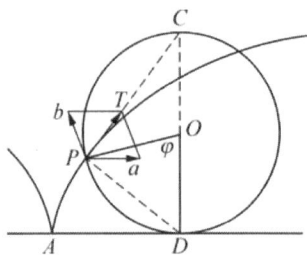

图 3

在点 P 的切线方向,所以切线方向与水平线之间的夹角也等于 $\frac{\pi-\varphi}{2}$,由此可知旋轮线在点 P 的切线经过母圆的顶点 C(见图 3)。显然旋轮线在点 P 的法线与水平线之间的交角等于 $\frac{\varphi}{2}$,因此旋轮线在 P 点的法线经过母圆的底部点 D。

三、旋轮线的特征

设母圆旋转角度为 φ,轮子上的定点 A 对应旋轮线上的点 P,记点 P 的坐标是 $P(x, y)$,则 $y = R(1 - \cos\varphi) = 2R\sin^2\frac{\varphi}{2}$。设 $\overrightarrow{PT}$ 与垂直线的夹角是 ϕ(见图 4),则 $\phi = \frac{\varphi}{2}$,于是有

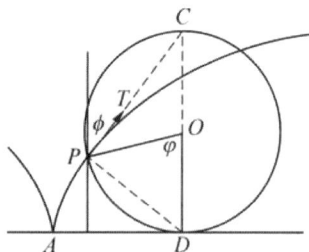

图 4

$$\frac{\sin\phi}{\sqrt{y}} = C,$$

其中 $C = \dfrac{1}{\sqrt{2R}}$。此即为旋轮线所具有的特征性质。反之,如果一条曲线满足上述性质,它一定是一条旋轮线(或者是一条旋轮线上的一段弧)。证明这一点需要用到微分方程知识,在此省略。

四、最速降线

1696 年 6 月,瑞士数学家约翰·伯努利提出一个公开的问题:设 A,B 两点如图 5 所示(点 A 在点 B 的斜上方),求路径 APB,使小球 M 在重力的作用下沿路径 APB 从 A 下滑到 B 所用的时间最少。需要注意的是,沿直线段 AB 下滑只是路程最短,而不是所用时间最少。问

题的答案是:这条路径恰好是前面
所说的(倒置的) 旋轮线。

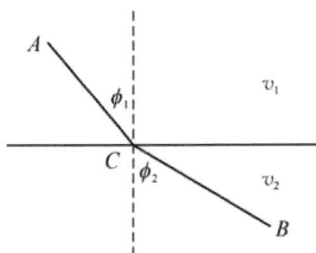

图5

我们利用光线的折射性质来
解答最速降线问题。

(1)设 A,B 两点分别位于两
种不同的介质 M_1,M_2 中,而 M_1,
M_2 的公共边界是直线。我们知
道,尽管从点 A 到点 B 的最短路径是直线段 AB,但光线从点 A 出发到
达点 B,所走的路线不是直线段 AB。光线在从介质 M_1 进入介质 M_2
时会发生折射,这是因为光线所走的路径遵循了时间最短原理,也就是
说光线所走的路径是最快的。

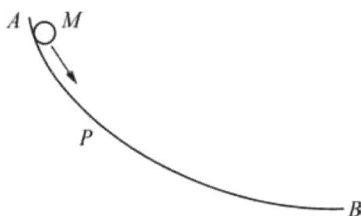

图6

如图 6 所示,设光线在介质 M_1,
M_2 中的传播速度分别为 v_1,v_2,不妨
设 $v_1 < v_2$;设光线是沿 AC 与 CB 的路
径走的,其中 C 是 M_1,M_2 的公共边界
上的一点;设 AC 的入射角为 ϕ_1,CB
的折射角为 ϕ_2,则根据中学的物理知
识,我们有

$$\frac{\sin\phi_1}{v_1} = \frac{\sin\phi_2}{v_2}。$$

(2)如图 7 所示,在从点 A 的
高度到点 B 的高度之间划两条水平
线,把空间分成 3 种不同的介质
M_1,M_2,M_3,它们的边界是两条平
行线。A,B 两点分别位于介质
M_1,M_3 中,同样考虑光线从点 A 出
发到达点 B 所走的路线。显然,光

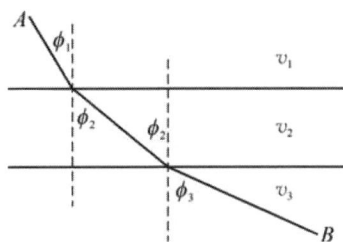

图7

线从介质 M_1 进入介质 M_2 时与从介质 M_2 进入介质 M_3 时都会发生折射。设光线在介质 M_1，M_2，M_3 中的传播速度分别为 v_1，v_2，v_3，不妨设 $v_1 < v_2 < v_3$。同样，我们设入射角与折射角分别为 ϕ_1，ϕ_2，ϕ_3，则根据中学的物理知识，我们有

$$\frac{\sin\phi_1}{v_1} = \frac{\sin\phi_2}{v_2} = \frac{\sin\phi_3}{v_3}。$$

（3）如图 8 所示，在从点 A 的高度到点 B 的高度之间划 $n-1$ 条水平线，把空间分成 n 种不同的介质 M_1，M_2，M_3，$\cdots$，M_n。A，B 两点分别位于介质 M_1，M_n 中，同样考虑光线从点 A 出发到达点 B 所走的路线。设光线在介质 M_1，M_2，M_3，$\cdots$，M_n 中的传播速度分别为 v_1，v_2，v_3，$\cdots$，v_n，不妨设 $v_1 < v_2 < v_3 < \cdots < v_n$。同样，我们设入射角与折射角分别为 ϕ_1，ϕ_2，ϕ_3，$\cdots$，ϕ_n，则根据中学的物理知识，我们有

$$\frac{\sin\phi_1}{v_1} = \frac{\sin\phi_2}{v_2} = \frac{\sin\phi_3}{v_3} = \cdots = \frac{\sin\phi_n}{v_n}。$$

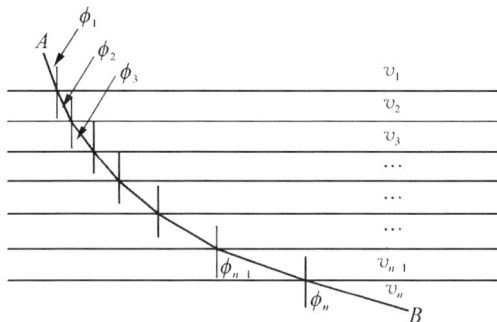

图 8

换言之，对一切 $k = 1$，2，$\cdots$，n，有 $\dfrac{\sin\phi_k}{v_k} = C$，其中 C 是与 k 无关的常数。

（4）在上面（3）的处理中，如果让 n 趋于无穷，我们就可以将光线的传播路径与最速降线问题联系起来。注意前面假设的条件 $v_1 < v_2 < v_3 < \cdots < v_n$，是因为在小球降落的情况下，速度是不断增加的。

设 APB 是所求的最速降线，P 是最速降线上一点（见图 9）。以点 A 为原点，水平方向为 x 轴方向，向下垂直方向为 y 轴方向，建立直角坐标系，设点 P 的坐标为 $P(x, y)$。设 PQ 是最速降线在点 P 的切线，记 ϕ 是 PQ 与垂直线的交角。当小球从点 A 下滑到点 P 时，利用牛顿定律容易求

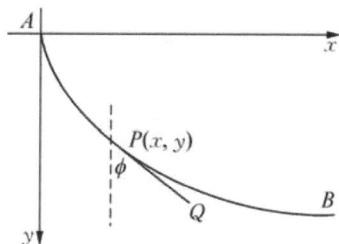

图 9

出小球的速度：由 $\frac{1}{2}mv^2 = mgy$，得到 $v = \sqrt{2gy}$。根据（3）的讨论，我们有 $\frac{\sin\phi}{v} = C$，于是得到 $\frac{\sin\phi}{\sqrt{y}} = C'$，其中 C' 也是一个常数。这恰好就是旋轮线所满足的特征性质，所以最速降线就是旋轮线。

五、等时曲线

意大利学者伽利略在观察教堂内挂灯的摆动时，发现挂灯摆动的周期与摆动的幅度似乎是无关的，这使得伽利略想到，可以利用摆动的物体来调节钟表的走动。后来人们发现，伽利略的观察并不精确，事实上，摆的摆幅越大，摆动的周期就越大。由于有空气的阻力，摆动的幅度会逐渐减小，周期也会逐渐减少。注意伽利略考虑的摆的摆锤（或摆的重心）是在一个圆周上运动的，我们把这种摆称为**圆周摆**。

既然圆周摆的周期与摆幅有关，荷兰学者惠更斯（Christiaan Huygens，1629—1695）就想找一种曲线，使得摆的重心在这种曲线上运动时，摆动的周期与摆幅没有关系。惠更斯把这种曲线称为"陶

塔赫隆娜"(希腊文"等时"的意思)曲线。他取得了成功,这种曲线不
是别的,正是前面讨论过的旋轮线! 不过它的位置是倒转过来的。

图 10 所示是一条倒转过来的旋轮线 ABA',设母圆的半径是 R,
则对称轴 BB' 的长度为 $2R$。我们已经知道,将一小球挪到点 A 放
手,由于重力的作用,小球会沿着旋轮线 ABA' 下滑到点 B,而且所用
的时间最少。旋轮线还有一个奇妙的性质:将小球挪到旋轮线上任
意一点 P_0 放手,小球同样会沿着旋轮线下滑到点 B,且所用的时间
与在点 A 放手、让小球沿着旋轮线下滑到点 B 的时间是一样的。也
就是说,所用的时间与点 P_0 的高度无关! 下面我们来证明这一点。

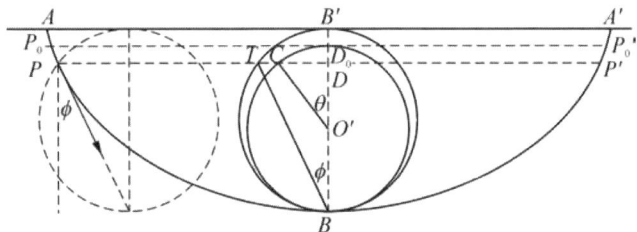

图 10

设在点 P_0 将小球放手,小球沿着旋轮线下滑到点 P,设点 P 与
点 P_0 的高度差为 h。我们先来求小球在点 P 时垂直向下的速度分
量。首先小球在点 P 的速度可以由牛顿定理得到,即由 $\frac{1}{2}mv^2 =
mgh$ 得到 $v = \sqrt{2gh}$,且速度的方向就是旋轮线的切线方向。记速度
方向与垂直向下方向的夹角为 ϕ,则小球在点 P 时垂直向下的速度
分量为 $\sqrt{2gh} \cdot \cos\phi$。

过点 P_0 作水平线与对称轴 BB' 交于点 D_0,以 BD_0 为直径作辅
助圆,圆心为 O',半径记为 r。再过点 P 作水平线,与对称轴 BB' 交于
点 D,与辅助圆交于点 C,与以 BB' 为直径的母圆交于点 T。记
$\angle DO'C = \theta$。由于旋轮线过点 P 的切线过母圆的顶点,可知 $\angle TBB' =$

ϕ。现在我们考虑一动点从辅助圆的顶点 D_0 出发，以均匀的角速度 $\sqrt{\dfrac{g}{R}}$ 沿辅助圆的圆周向下运动，则当该动点运动到与点 P 同一水平线上的点 C 时，该动点向下的速度分量为

$$\sqrt{\frac{g}{R}} \cdot r \cdot \sin\theta = \sqrt{\frac{g}{R}} \cdot r \cdot \frac{DC}{r} = \sqrt{\frac{g}{R}} \cdot \sqrt{BD \cdot h}$$
$$= \sqrt{\frac{g}{R}} \cdot \sqrt{h \cdot BT\cos\phi} = \sqrt{\frac{g}{R}} \cdot \sqrt{h \cdot 2R\cos^2\phi}$$
$$= \sqrt{2gh} \cdot \cos\phi,$$

这与上面求出的小球在点 P 时垂直向下的速度分量完全相同。

　　现考虑两个运动。第一个是小球从点 P_0 开始沿旋轮线下滑，第二个是从辅助圆的顶点 D_0（与点 P_0 同样高度）开始沿辅助圆周做匀速圆周运动，角速度为 $\sqrt{\dfrac{g}{R}}$。它们在运动过程中垂直向下的速度始终是相同的，所以它们到达旋轮线底部点 B 的时间应该是相同的。而第二个运动因为是匀速圆周运动，它需要的时间是可计算的，就是 $\pi\sqrt{\dfrac{R}{g}}$，所以将小球挪到旋轮线上任意一点 P_0 放手，小球沿着旋轮线下滑到点 B 所用的时间就是 $\pi\sqrt{\dfrac{R}{g}}$，它与点 P_0 的高度没有关系。由此我们知道，如果让一个小球在倒置的旋轮线形状的槽内来回滚动，开始的时候滚动的幅度可以很大，但是由于摩擦力的原因，滚动幅度会逐渐减小，但是滚动的周期不会改变。换个说法，如果一个摆的摆锤在一条旋轮线上运动，则它的摆动周期就与摆幅无关。按照上面的计算，我们知道摆动周期为 $4\pi\sqrt{\dfrac{R}{g}}$，其中 R 是旋轮线母圆的半径。接下来我们面临的问题，就是如何使一个摆的摆锤在一条旋轮线上运动！

六、曲线的渐伸线

如果在一条曲线上的每一点都有切线,而且切线随着切点的移动而连续变化,则称该曲线是光滑曲线。从高等数学的知识可知,光滑曲线是可求长度的。

取一条光滑曲线的凸弧 ACB 与一根不能伸缩的、与弧 ACB 的弧长相等的细线 MN,把一头 N 固定在弧 ACB 的点 A,并使细线紧紧地贴在弧 ACB 上,则它的另一头 M 正好落在点 B 上。

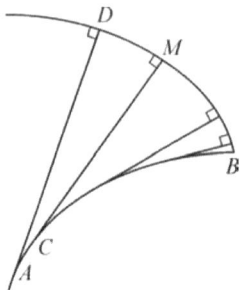

现在我们把细线渐渐伸展开来,即握住与点 B 重合的线头点 M,拉紧并渐渐拉开,使得在拉开过程中,拉开部分 CM 始终与曲线在点 C 的切线重合,这时点 M 画出了一条曲线 BMD,这条曲线就称为原来曲线 ACB 的**渐伸线**(见图 11)。关于渐伸线,我们可以不加证明地指出以下的性质:

图 11

在拉开的过程中,拉开部分 CM 始终是曲线的切线,而渐伸线在点 M 的切线始终与切线 CM 垂直,也就是说,曲线 ACB 的切线 CM 始终是渐伸线的垂直线(称为法线),或者说,渐伸线的法线是原来曲线的切线。

如果从紧贴弧 ACB 的细线上的任一点开始拉开细线,这样得到的是弧 ACB 的一族渐伸线。任意一条光滑曲线都具有无穷多条互相"平行"的渐伸线。弧 ACB 的每一条切线在任意两条渐伸线之间的长度都是相等的。

弧 ACB 的长度等于细线的长度,也就是当细线拉开到点 A 时切线段 AD 的长度。从点 C 到点 B 的弧长等于在点 C 的切线段 CM 的长度。

如果一条曲线的每一条法线都是某一条曲线的切线,则该曲线称为原来曲线的渐屈线。由高等数学的知识,任意的光滑曲线都具有唯一的渐屈线(除去例外的情况,即所有法线交于一点或所有法线平行的情况)。如图 11 所示,曲线 BMD 是曲线 ACB 的渐伸线,曲线 ACB 是曲线 BMD 的渐屈线。

七、旋轮线的渐伸线

取一条母圆半径为 R 的旋轮线,在中间顶点处分断,两段摆成如图 12 的上下位置。旋轮线 APB' 是母圆 O 从点 A 滚动到点 B 圆周上的定点所划出的轨迹;而旋轮线 $B'P'A''$ 是母圆 O' 从点 B' 滚动到点 A' 圆周上的定点所划出的轨迹。设圆 O 从点 A 滚动到点 C,转过的角度是 φ,则 $AC = R\varphi$,$CB = R(\pi - \varphi)$。设此时圆周上的定点从点 A 移动到旋轮线上的点 P,则 $\angle POC = \varphi$。旋轮线过点 P 的切线过点 C',切线延长后与母圆 O' 交于点 P',则 $\angle P'O'C' = \pi - \varphi$,它所对的母圆弧的长度为 $R(\pi - \varphi)$。由于 $B'C' = BC = R(\pi - \varphi)$,可知 P' 位于旋轮线 $B'P'A''$ 上,即母圆 O' 从点 B' 滚动到点 C' 圆周上的定点所处的位置。过点 P' 作旋轮线 $B'P'A''$ 的切线,则切线必经过母圆 O' 的底 C'',所以旋轮线 APB' 的切线与旋轮线 $B'P'A''$ 垂直,换言之,旋轮线 $B'P'A''$ 是旋轮线 APB' 的渐伸线。

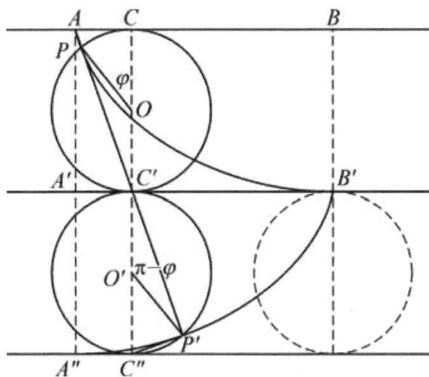

图 12

根据渐伸线的性质,切线段 PP' 的长度等于旋轮线 APB' 上从 P 到 B' 一段弧的长度。如果让 $\varphi \to 0$,则点 P 趋于点 A,点 P' 趋于点 A'',切线段 PP' 就变成了垂直线段 AA'',这样我们又得到了旋轮线的又一重要性质,即旋轮线 APB' 的弧长等于垂直线段 AA'' 的长度,即为 $4R$,从而旋轮线一拱的长度等于母圆半径的 8 倍。

八、摆线摆

有了以上的讨论,我们就可以说明惠更斯是如何制作出一个摆,其摆锤不是在一个圆周上运动,而是在一条旋轮线上运动,这样也就保证了摆的周期与摆幅无关。这样的摆我们称为摆线摆。

作两个凸板,每个凸板都是旋轮线的半个拱弧的形状,放置成如图 13 所示的位置而固定。取一个摆,其细线的长度 l 为旋轮线的母圆半径 R 的 4 倍(也就是旋轮线半个拱的长度),将摆挂在两块凸板中间的拼接点 O。这样当摆锤摆动时,细线将紧贴着凸板的旋轮线

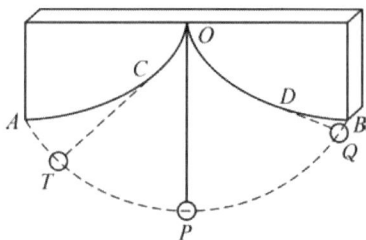

图 13

弧,所以摆锤的运动轨迹就是旋轮线的渐伸线。但是我们已经知道,旋轮线的渐伸线也是旋轮线,所以摆锤是在一条旋轮线上运动,它的摆动周期与摆幅无关。当摆锤在摆动时,由于空气阻力的影响,摆幅会渐渐减小,但是它的摆动周期不变。

需要指出的是,当摆幅很小时,旋轮线形状的凸板对摆的影响非常小,换言之,这时的摆线摆与圆周摆的周期几乎相等。所以当摆幅很小时,圆周摆的周期近似等于摆线摆的周期,即

$$T = 4\pi\sqrt{\frac{R}{g}} = 2\pi\sqrt{\frac{l}{g}},$$

这个物理公式是每个中学生都知道的。

　　关于旋轮线，我们就讲到这里，读者应该知道为什么旋轮线又被称为摆线了吧。

　　　　　　　　复旦大学数学科学学院　　陈纪修

数据科学的数学基础拾遗

　　大数据的时代来临,这是最近在各种媒体经常听到的一句口号或者一个概念。数据当然是数学的事情,可是在媒体中参与大数据讨论的人里有很多前几天还在讲自己作为学生时最痛恨的学科是数学。许多人只是赶时髦或者把它当成装饰品。大数据浪潮的到来,肯定伴随大量的泡沫。我们还是回归数学,当然也期望发现以前数学研究中的遗漏。

　　处理数据的基本手段是统计,在60年前就有CC的中统与军统,最近有美国斯诺登事件的中央情报局。他们都是为了国家安全处理大数据的国家机构。也就是说,大数据并不是一个新的概念,它们首先被应用在军事及国家安全,近年来人们越来越认识到数据分析与日常生活联系在一起,不但是国计同时也涉及大量的民生,从而引起越来越多的一般民众的关注。特别是互联网快速发展的今天,数据及数据传输、数据分析几乎无处不在。本文不是讲中统、军统与中情局的内幕,而是从数学出发,尽量地朝着棘手问题的任务目标,浅显介绍它们之间分析方法的共同点与不同点的。而介绍"大数据"本身,就是一个大数据的问题,是一个大数据分析的过程。

　　数据的基本构成是数,数字在语法上属于名词类,名词也就是给某种概念定义一个名字。但是数不仅仅只是一个名字,更为重要的是运算。一开始我们只对整数给了名字。新的数（如零）就是由运算演绎得到的。正整数来自实际，而零及负数是通过运算演绎的结果。这是数学的精髓。我们用数学刻画看到的世界（如整数），装备上运算（如加法、减法），就可以得到或演绎出看不见的零以及负数。现代科学发展的一个众所周知的例子是我们用望远镜发现了天王星，然后用数学的方法演算出了海王星、冥王星。从数学中可以得到比我们原来已经知道的更多的东西。这些东西是通过演绎、推理获得的，更为重要的是它们还真实存在。这也是数学作为科学发展领头羊的根本原因。现代科学的许多结果都是数学先算出来，然后用实验实现验证。大数据就是利用实验采集的大量可能异构、异源的数据，还可能是通过经验整理过的、已经经过演绎推导的各种类型的数据，再用数学的方法去演算一下，期望得到或发现原来不知道的至少还是模糊的结论。

　　数据科学的对象是数据。那么，什么是数据？它有哪些类型？

　　数学方面对数据的理解可以是单个数、数组、数列、函数（要表现它们，可以用基表示下的系数来刻画），问题还可能是多元的；还有矩阵、张量、多元函数、多值函数、方程组、算子。数据的英文是"data"，中国大陆翻译成"数据"，在台湾则被译成"资料"，好像台湾的翻译包含的内容更多。事实上，在计算机数字化时代，任何资料都可以是数据或都可以被记录成数据，所以英语都用"data"一词。

　　社会方面对数据的理解如下：账本是表格，是矩阵；文本是数列簇，是向量；单词是基本数簇，句子是高一级的数簇，段落、篇章是更高级的数簇；声音也是数据，也是一个向量；图片也是数据，是一个矩阵，彩色图片是 3 个矩阵，分别表示红、绿、蓝 3 种颜色。图片作为 $n \times m$ 矩阵当然是 $n \times m$ 维空间上的点。一个人人脸的照片是在这个高维空间的低维流形上，所有人脸的照片在一个较高维的流形上，所有动物的脸部照片在更加高维的流形上，当然与所有的照片所在的空间比较，这个流形的维数还是非常低的。互联网信息是流动的数据，是分别储存在各地的数据簇，而且重要的是它的流动性及流动状况。我们说，图书馆的图书、工厂的设计 CAD 及加工 CAM，甚至小道消息都可以用网络传播或者说数字传播，即数据的传播。数字三维打印、数字电视、数字相机、数字手机、数字遥控机器人、集群无人机的数字遥控精确打击，这些名词告诉我们，世界上任何与我们有关的东西都可以甚至几乎都已经数字化了。

　　数据的记录通常是有容余的，同时又是不全面的。譬如，我们有一个人在不同环境下的大量照片。有些部分是重复的，通常脸部最多，但又不完全重复，因为角度可能不同，光照可能不同，表情可能不同。大数据分析中有一个关键词叫"redandency"，我们把它翻译成"容余"而不是"冗余"，是想说明这些信息虽有重复，但它对信息重构是有用的，甚至起着决定的作用。

　　数据处理的一个重要组成部分是数据的降维，譬如，人脸识别。如果我们可以简单刻画（用简单函数表示）这个人的照片所在的那个低维流形，那么就能容易地识别出那个人。如果这个流形可以用某种基的线性组合表示，那么就可以用这个线性组合的系数作为这个流形的身份证号码，或者说作为这个人的身份证号码。人们希望身份证号码尽可能地短，那么就要找到这个低维流形，并且用合适的基函数，使在这个基的表示下比较短。

　　降维的主要数学方法是主成分分析，也就是提取特征。统计中的均值方差都是数据的某种特征。可以说任何科学及数学问题的处理无不遵循这个原则，即找出主要矛盾与主要矛盾之间的关系。譬如，勾股定理或者毕达哥拉斯定理的原意是划出方块的土地，地球是圆的，根本没有方块的意义，我们的先贤把它看成是在一个平面上的问题，得到了这个漂亮的结果，并且广泛地进行了应用。现在看来在地球表面上用勾股定理画方块，显然是错。欧几里得空间是数学的基础，但也经常限制了人们的思想自由。爱因斯坦就是发现世界上根本就没有直线或者平面，光线走的并不是直线。这里不是单纯的数学问题，而是一个哲学问题——时空的关系，我们是用地球绕太阳转一圈来定义"年"的，或者更加精确地用光走的路程来定义"秒"的，同时在应用中又用时间来定义路程。

　　所以为了更好地处理数据，人们也经常地对数据进行升维处理，在一个更加高的思维层面上考虑问题，以便更好地看到主要矛盾之间的关系。还是讲一个数的问题，当发现了乘法的逆运算后，整数不够了，引进了有理数，但还不是维数上的突破。当有了次方及次方的逆运算开根后，发现要引进复数。复数事实上是两维的，但将很多实空间的问题放到复空间里，问题就变得非常简单。曲面是一个两维问题，上面讲过勾股定理，这实际上是伟大的数学家欧几里得的思想局限。这里问一个基本的哲学问题——宇宙是有限的还是无限的？这个问题要放到四维以上的空间才能更好地进行描述。人在三维空间内，总认为我们所处的空间是平直的。毕达哥拉斯已经生活在三维空间了，他还把地球球面看成平面，更何况一个只能生活在地球表面的两维空间里的小虫！可以设想我们生活的空间在更高维的空间不是平直的，称为流形，那么它是怎么弯曲的呢？从三维看两维，弯曲分成椭圆、抛物、双曲等类型。如果是椭圆形的，那么可能是有限的，否则可能是无限的。还有个问题是什么叫宇宙？如果把宇宙定义为可以到达并且回来的所有位置，庞加莱猜想说所有的闭曲线可以收缩为一个点的流形可以同胚于球面的一部分，也就是没有亏格，或者形象地说没有洞。如果有亏格，那么就是环面或者多个黏在一起的环链面。在三维空间中我们看到过平面吗？平面只是想象出来的东西。我们看到的三维空间中的曲面都是某个有限实体的表面或者说边界。它们都同胚于多个黏在一起的环链面。

　　作为大数据，数据的类型、层次都是极大地多样化的。一般来说，数据与整个社会结构相似。粗糙地说，数据的层级至少是两层，基层的（或基础的）与高层的领导层。基层的数据处理主要是具体问题的具体处理，即应用问题的数学描述，最具代表性的就是数值逼近。利用算子、函数的离散化(在应用数学中,算子可以看成矩阵或张量,函数可以看成向量或矩阵),数值逼近或逼近论希望利用数学方法来近似描述这个问题,所以数值逼近及逼近论是数据处理的基石。当然,现在的数据及数据处理越来越与随机及统计联系在一起,但基本还是属于数值逼近的范畴或者叫随机逼近,即从采样数据出发寻找密度函数或分布函数。譬如,模式识别是寻找由此导出的条件期望。高层的数据处理方法一开始是并行算法,领导者把问题分解,分配给下级完成。或者说是设计的方法,由设计者、服务器来设计,把大问题分割成一些小问题,分配给它可以控制的计算机完成。该层次的关键是怎么组织计算工程。20 世纪末有大量这方面的研究,但新的问题又提了出来。当数据及问题的规模越来越大时,云计算的概念浮出水面,因为没有一个人或者一台服务器可以担当起这个设计及领导的作用。每个人或每台计算机都可以提出自己的设想,这个设想一般是不完整的,甚至有些部分是不合理的。领导者需要利用自己的个人魅力去影响其他的计算结点来进行他所希望的工作,同时从别人的成果中获取自己所需要的部分结果,对应地也贡献自己的成果。简单地说,低级的计算主要是函数逼近问题及函数的表示;高级的计算问题主要是图及随机图的描述与相关的逼近问题,是图的关系问题和数据流的动力学问题,其关键的问题都是希望找到简化的表示与逼近。用一个时髦的例子来说:基因只是数的排列,当然对两个相似的基因,有对其祖先来源、子孙趋向等数据分析的问题。由于这样的基因排列,会导致或者影响蛋白质的卷曲形状。这样的卷曲形状更容易与某另一形状的蛋白质相结合或者相排斥,从而决定较容易感染某种疾病或具备某种免疫力。而后一个问题属于较高层的问题,更为困难,更为复杂。

数据从数学上来说主要是点:向量是高维速度空间的点,函数离散化以后也还是点,算子离散化以后是矩阵或张量,仍然是高维空间的点。通俗地讲,数据处理就是处理高维空间的点之间的关系。而点之间的关系是由距离或连接图、连接路径组成。数学上是用转移矩阵表示的，或者说是复杂网络的动力学问题。要找到点之间的关系，通常首先要给每个点一个地名，这个地名通常是模糊的，它由这个抽象的点所表示的具体对象的一些关键词组成，这时学习理论的两个根本问题就出现了：一个是模拟，寻找关键词、特征；一个是分类或者聚类，把相近或相异的关键词用数学表示出来。接下来是一个在数学上还只是皮毛的问题，就是用数学来研究词典、语义学、句法分析、段落大意及文章主题。

对网络上各计算机结点的描述，最基础的是每个计算机上的文件（文本、声乐、视频，以及驱动这些文件的软件程序）、本地联系或连接处理，完成本地计算机的工作功能。进一步地还有计算机间的连接与问题处理，网络间联系可以处理远程计算、远程云查病毒和杀病毒。

网络连接有一个代表性的问题是网页排名，我们在看新闻时经常看到下面的链接，一种是网站通过经验统计认为的重要网页，还有一种完全是由实时统计获得的"看过此网页的人较多地还看了"，博客是博主通过点击率提升自己的地位的。大家都知道科技文章中有个影响因子，即有多少文章在引用这篇文章，ISI 网页上不仅可以查到引用情况，还统计了二次引用，即有多少文章在引用曾经引用过这篇文章的文章。这个结果不仅反映了这篇文章的引用情况，还确切地反映了被这篇文章的工作影响的研究人员地位，从而更加全面地反映这篇文章的影响力。这些都可以被认为是在做云计算，在不知不觉中把有意义的作品推到大家面前，节省了搜寻的时间。

讨论大数据问题，通常我们认为有个 cps 三元结构：cyber，physics，social。

例：对于大楼，我们得到的是物理真实存在的一些不完整的信息，在人脑中形成对大楼的了解。物理存在的内容是完整的事实，而可以看到或了解的不可能是全面的。譬如,只是一张斜角包含大半个正面的照片,但由对称性等经验,在人脑中形成的影像会更全面。如果我们有高楼下面几层的照片,其中窗户是清晰的,同时又有该高层建筑的远距离照片,窗户不怎么清晰,那么在人脑中形成的将是一张窗户清晰的整体照片。人脑有非常强的数据解构、重建及根据经验再融合重构的能力。数据科学就是希望利用数学通过计算机来实现这个能力,并且希望比人类做得更好、更快,特别是大数据分析希望完成利用人力几乎不可能完成的任务。

从一个数的数据开始分析。譬如 24,一个数当然也是数据,一个数的数据有什么可以分析的呢? 数学告诉我们有非常多的东西可以分析。

首先可以分解,$24 = 3 \cdot 8 = 4 \cdot 6 = 2 \cdot 12 = (2 \cdot 3) \cdot (1+3)$。这是我们小时候用扑克牌玩的 24 点。24 点玩得好,就是对 24 这个数分析得比较好。记得小时候有一道题比较难,就是用 1,5,5,5 计算出 24,这是分解后的融合与重构。小孩的游戏算 24 点还引导出更为复杂和一般的数据分析理论。为什么有人算 24 点算得比别人快? 通常那个输了的小孩会说对方是背出来的。但是你也可以背出来啊,为什么还是比他慢呢? 这就涉及人脑是怎么处理这种问题的问题,这同时也是编制计算机程序的关键。我们只有知道自己是怎么想问题的,才能告诉计算机怎么去想类似的问题。一个模型是人们把不同的可以算成 24 的算式都排序、存储在脑子里,当看到 4 张牌以后就要做一个搜寻,在脑子里找到与之匹配的算式。你让计算机来算 24 点,计算机就可以这么做。这需要给所有的算式一个数据结构。最简单的是字典排列,但可能搜寻的速度太慢。稍微聪明一点是倒过来:把最后的运算是加法还是乘法的先分成两类,乘法的再分成 $1 \cdot 24$,$2 \cdot 12$,$3 \cdot 8$,$4 \cdot 6$ 这几类,加法的可能要分成从 $1+23$ 到 $12+12$(共 12 类),然后每个子类再分成若干类,譬如将 $3 \cdot 8$ 分成由加法或乘法得到 3 或者 8(共 4 类);然后反向地进行完全的分类。24点玩得好的孩子一定是自觉或不自觉地利用了概率论,采用了概率模糊算法,也就是以出现的概率大小排列算式。当打出自己手上的两张牌时,已经进入了包含这两张牌并可能算成24点的那个算式类,在这个类里又以其他两张牌出现的概率排序得到一个搜寻的模式。而这个概率排序的模式是他实战经验的积累,或者说是现代随机逼近的学习结果,而且还是云计算的结果。每次的实战过程都改进了他的搜寻算法,但他自己未必讲得出这是怎样的一个搜寻过程。

这只是算术层面的数据处理,是抽象的数的处理。数学的一个基本概念就是抽象。把应用问题中的数据处理问题提炼出来,变成一个纯粹的数学问题。这也是数学发展的根本法宝。正是凭借这个法宝,奠定了数学在科学中的地位。抽象、系统演绎、得出普遍结论,是数学发展的根本内动力。

随着科学的发展,数学这样自我封闭的单一法宝,在一定层面上已经成为数学发展的瓶颈。问题驱动,也就是外部对数学施与了越来越多的压力。但如果只是抽象的数据,没有充分体现数据,背后伴随的信息往往就能充分地利用数据。对于上面那个数24的处理问题,应用数学会希望添上单位,也就是它的物理背景,如24千克,这样就多了许多信息,人们会根据经验联系到:我能不能举起它,它大概的体积,可能的结论是拉杆箱吧。如果再告诉你,是体重24千克,可能我们脑中会出现一个小孩子,应该是一个奔跑跳跃的形象,并且可能会继续出现一些模糊的结论与问题:应该上学了吧? 可能是几年级? 应用数学是问题驱动的,在不断地提出问题的同时,我们对本质问题的理解也就越来越清晰,越来越接近目标,或者说"逼近"了。

当数据进入人脑,人脑一般会根据经验知识将与这个或这些数据有关的链接都调动起来,对数据进行拆解、融合、重构,给出可能问题的可能模糊影像,同时准备回答下一个可能的模糊问题。

一个数据的信息通俗地讲是一维的。在前述问题中,如果再告诉年龄、身高等,那么可以联系起来的内容或者说演绎出来的内容就有维数型地增长,离目标更加接近,目标的形象也更加清晰。但如果体重为 24 千克,身高两米,不对,那不会是人,那应该可能是一条蟒蛇;体重为 24 千克,年龄刚出生一周,那可能是小老虎。刚才我们由经验获得的结论方向——小孩,一开始可能是错误的。错误的原因是我们希望获得的结论是在经验积累中最有可能出现的人类。为了有效回答问题,出现这样的可能引导到错误结论的经验推断通常是必须的,用数学语言说这是一个先进的算法。先生出触角,因为需要的结论更可能与人类有关,人类毕竟更加关注自身。我们就在探索过程预先激发起与可能结果更为有关联的方向或领域。我认为在大数据时代,对于数学就是要如何演绎生长出这样的研究触角,如何合理利用异构的经验型的数据,并把经验型的后台数据与前台数据集合起来。信息越多,可以得到的结论越多,更为确切地,这里应该把结论说成概念———一种模糊的结论,这些数据可能与某种特性有更强的联系,有可能导出更为广泛的或更为清晰的结论。这些结论或者更为精确地说——概念,可能还是模糊的,但确实更为可能提供更为充分的信息。可喜的是,概率论的发展为数学的发展提供了一个新的法宝。

现在许多案件的破获都利用摄像头的视频信息。譬如,波士顿爆炸案由一系列的模糊信息得出越来越清晰的结论:炸弹包裹是黑色手提包,有带黑色棒球帽者曾提着黑色手提包,带黑色棒球帽者经常与带白色棒球帽者在一起。带白色棒球帽者的脸部清晰照片经警察局比对后,发现该人有案底记录。但要处理这些照片需要很多工作量,这些工作有时只靠人力还不行。每个人只能处理一部分照片,而更为关键的是将各照片中的模糊结论或模糊概念联系起来的模糊结论。首先,整理这些照片,得到一些关键词,最好在照片的拍摄过程中照相机就已经进行了自动处理(离线处理、预处理),放在照片附带的说明文件中,更好的就是做成文件名,这相当于给每张相片提供了一个身份证号码。而关键词或者说标签最好是标准化的,当然越标准化越会流失一些模糊信息。由于视角的不同与关心问题的角度不同,每个人的关键词或者标签的选择也是不同的,这样又导致个性化关键词的语义模糊匹配问题。在数学上,对个体智能或低层数据处理的研究已经达到很高的阶段,并且可以说已经看到基本解决此类问题的曙光。但对群体智能,如何融合多个个体智能的高层数据结构处理、描述、传输,以及动力系统行为的研究还处在一个起步与黑暗的阶段,也就是说,大数据处理的高层云模糊设计的数学描述,是大数据处理是否可以有所斩获的关键。具体就是如何整理非结构化的数据,使之成为半结构化或者结构化的数据,同时又不丢失可能有用的信息。

用数学语言描述大数据处理问题,总结起来有这么几个关键:(1)标准关键词或者说基的选择;(2)拟合及数值逼近;(3)特征提取、分类;(4)多结点关系的动力学行为。

大数据处理经常与并行计算与云计算两个名词联系起来。要理解大数据研究的进步,就要了解它们的区别:两个概念都是处理大数据问题,都是在多个结点上计算的综合与融合。并行计算是由软件总设计师将某个问题拆开来分成一些小问题,分配给一些人,让这些人一起分别计算;云计算是让每个可以计算的人都来参与计算,同时每个人都可以获得别人计算的结果。可以用一个生物学的实验来说明什么是云计算。在一块玻璃板上放一些麦片,然后放上一点黏性霉菌。麦片是按照东京附近的城市位置与规模大小摆放的。第二天玻璃板上出现的是什么?这是一张东京附近的交通流量图,与实际的地图几乎一样,这为设计高速公路、铁路以及它们的承载能力提供了蓝本。这是因为几代黏性霉菌不自觉地用生命参与计算所获得的成果。可见,对于云计算,关键是提供并从别人那里得到有用的信息。如何数学描述这个问题,是大数据云计算的核心问题。

复旦大学数学科学学院　吴宗敏

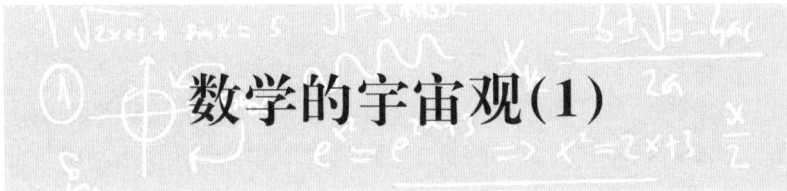

数学的宇宙观（1）

通常我们所说的三观即宇宙观、人生观、价值观。这是思想家的根本问题，或者说是哲学问题。而社会、科学的发展就是这三观的发展过程，就是对这三观的认识的发展过程。数学被认为是科学领域的哲学，也就是说，数学的基本问题也是要回答：世界是什么样的，或宇宙是什么样的？我们从哪里来，要到哪里去？本文只是从数学角度对宇宙观进行肤浅的探讨。

宇宙观一般分为微观宇宙观及宏观宇宙观两种不同的观察角度。微观是指宇宙由分子、原子、电子等构成，基本粒子还可分，我们会稍后再来讨论。

当人们问宇宙是什么样的时候，一般是指宏观的。人们一般会回答：我们的宇宙是一个三维的世界，这是欧几里得告诉我们的。再稍微换一个角度问：宇宙是有限的还是无限的？在两三百年前人们一般认为：我们的三维空间被称为欧几里得空间，也就是说无限的。可以这么说，欧几里得是第一个用数学讨论宇宙观的人。如果我们处在一个用欧几里得思想建立的空间，那么宇宙就一定是无限的，否则你就可以问：那再走过去是什么？边界的外面是什么？人们想象着有一天，像孙悟空那样一个筋斗翻到天尽头，然后可以打破如来佛的法力，看看如来佛的五指山后面是什么。当然也有人认为宇宙处于爆炸形态,人们探索宇宙的速度赶不上宇宙本身爆炸的速度。也就说跑来跑去跑不出如来佛的手心,因为如来佛的手掌变大的速度比孙悟空的筋斗云还快呢。但是这个空间在如来佛的眼睛里还是三维的,还是无限的。

当黎曼(Bernhard Riemann,1826—1866)及罗巴切夫斯基(Nikolas Lvanovich Lobachevsky,1792—1856)各自发现不同的非欧几何以后,人们对宇宙可能是什么样的,给出了更加深入的研究,更加基本的是对"光线走的是直线"的怀疑。我们还是先从欧几里得几何讲起。

欧几里得几何的基本构成是直线与直角。毕达哥拉斯定理甚至被像宗教圣典一样对待。这是多么神奇啊!三角形的三条边,满足 a 平方加 b 平方等于 c 平方时,我们居然得到一个直角三角形。而我们所处的空间就可以由这么简单的规则——三角尺刻画或度量出来。根据毕达哥拉斯的原理,后来笛卡尔(René Descartes,1596—1650)为欧几里得空间"安装"上笛卡尔坐标系,为欧几里得空间中的每一个点都给出一个"ID 名"——它的坐标,以及它们的"亲戚"关系——向量的加法与数乘。这非常重要,"无名天地之始,有名万物之母",欧几里得(Euclid,约前 300—前 275)开创了数学的宇宙观,而笛卡尔使人们可以对宇宙观进行严密的数学化研究与讨论。回到毕达哥拉斯定理产生的那个时代,当时是希望解决尼罗河下游洪水泛滥后耕田的重新划分问题。洪水过后,出现的是一望无际的广袤的平原,毕达哥拉斯(Pythagoras,约前 580—约前 500)把平原看成平面。这也是人类对大地最初的认识,所谓"天圆地方"。但是现在我们都知道地球是圆的,并不是方的,或者说并不是平的。

要分析我们所处的空间是什么样的,先来分析一个两维空间的小虫所处的空间是什么样的。一个三维空间的伟人——毕达哥拉斯尚且把一个球面的一部分看成平面,那么一只两维空间的小虫会怎么看待它所生活的两维曲面呢?它可能也跑不太远,它再聪明也聪明不过毕达哥拉斯,也自然会认为曲面是平的(已经是泰勒一阶展开,用切平面模拟曲面,对一张很大的曲面,局部地用平面去模拟,还是非常准确的)。对于处在三维空间的我们,在高维空间的上帝的眼里,就好像我们看两维空间的小虫。要两维空间的小虫来回答它所处的被它自己认为是平面的曲面,更有可能的是球面甚或其他什么曲面,那是非常困难的,或者说几乎不可能。人类的科学发展已经比两维空间的小虫聪明多了。我们发现毕达哥拉斯的根本思想局限是将测地线看成直线(但我们现在不还是一直这么认为吗? 光线走的路径是直线吗?),这样我们就发现不了所处曲面的弯曲。毕达哥拉斯定理在欧几里得空间是对的,但在地球上用来划分土地,那就是毕达哥拉斯的不对了。科学家发现了胖三角形的概念,如果三条测地线围成的三角形的面积大于欧几里得空间的三角形的面积,那么我们可以用这两个三角形的面积比来度量曲面在该处的弯曲情况。这里还有一个更加深刻的问题:毕达哥拉斯定理有正确的地方吗? 刚才已经说了它在欧几里得空间是正确的。我们通常会把欧几里得空间混同于我们所处的空间,欧几里得的影响真是太强大了。伟大的数学家毕达哥拉斯尚且把球面看成平面。那么,我们所处的空间就一定是欧几里得空间吗? 我们的三维空间会不会也是弯曲的呢? 现在就可以来回答这个问题:如果定义光线是直线,那么我们所处的三维空间一定是弯曲的,我们被欧几里得"骗"了好几千年。

我们还是先帮助那只两维空间的小虫来观测它所处的空间。单值函数曲面可以同胚于平面或球面的一部分。地球的表面,即使有山有水,它同胚于球面。同胚就好比可以用泥胚弯捏而成。单值函数本身的意义就是平面到曲面的同胚或映照。

我们常见的曲面通常有:抛物面,向一边弯曲,但弯得越来越少,这样的宇宙还是无限的;椭球面,向一边弯曲,并且保持一定的弯曲度,那么这样的宇宙是有限的;双曲马鞍面,向两边弯曲,这样的宇宙可能还是无限的。这些都被称为三次曲面。

还有更为复杂的问题。把刚才提到的曲面局部剪下连通的有限的一块来(因为我们可以探索的只能是宇宙的连通的有限的一部分),那么它可以同胚到球面的一部分,同时也可以同胚到平面的一部分,而有时同胚到平面后是一块可能带洞的区域。所谓的黑洞就是这些洞,人们进不去。

我们是怎么探索宇宙的,当然要跑过去看看。就好像跑马圈地,带着一根绳子骑马跑一圈,然后收缩这根绳子,这样就可以把这个区域的兔子都赶出来。也可以在绳子上装上摄像头之类的感应器,我们就把一个区域探索清楚了。

庞加莱猜想:两维空间中任何一条封闭的曲线可以收缩为一点,那么这个两维空间一定同胚于球面或球面的一部分。

那么有没有这样的两维空间,在那里一些曲线不能收缩为一点呢? 这样的空间是有的,譬如,像面包圈表面那样的环面。环面上有两组封闭曲线,不能收缩为一点,它们互相之间也不能同伦——好像就是同胚,但曲线在变化的过程中要保持在讨论的低维空间(曲面)上。几何上称这样的曲面具有亏格,或者说有洞(曲面包围的实体在三维空间有一些洞)。数学上用不能收缩为一点又互相不能在曲面上同伦的曲线组的数目来区分曲面的类型,用洞的数目来定义亏格。现在再请出庞加莱。

庞加莱猜想:两维空间中有两组封闭的曲线不能收缩为一点,那么这个两维空间一定同胚于环面或者环面的一部分。两维空间中有多组封闭的曲线不可以收缩为一点,那么这个两维空间一定同胚于 n-环链或 n-环链的一部分。

n-环链就好像在烤面包圈时,有 n 个面包圈互相黏在一起。它的基本构件就好像许多条短裤衩(半个面包圈),然后腰和腰缝在一起,裤腿和裤腿缝在一起。当然我们把球面看成 0-环链。反过来,n-环链就是在圆球上打 n 个互相不连通的洞。

如果那只小虫对它所处的两维空间进行了大量的跑马圈地式的

研究,又请教了庞加莱,现在我们可以回来帮助两维空间的小虫回答它所处的两维宇宙可能是什么样的。我们可以看得到的两维曲面都是某三维实体的表面。它们无一不是 n-环链,桌椅板凳、房屋杂物,你仔细看看你的周围,都是环链。我们没有看到过无限延伸的平面,我们没有看到过无限延伸的抛物面,我们也没有看到过无限延伸的双曲马鞍面。这些曲面都是在欧几里得思想引导下想象出来的产物。简单地说,并没有现实的实际存在。所以,对于两维空间的小虫,它的宇宙更有可能是一个环链,当然也可能是最为简单的形式——球面。这样的曲面一般来说是有限的。这样的环链我们可以用橡胶薄膜做成的气球来演示,这就叫"膜论",也有人说是肥皂泡理论。

对于我们的三维宇宙,同样更有可能的是在更高维空间中像环链那样的东西。超膜理论认为人们直接观测所及的好似无边的宇宙是十一维时空中的一个四维超曲面,就像薄薄的一层膜。可能你会与我争辩:"那么你的意思,宇宙是有限的了?"我的回答是:"我没有说过,我说更有可能。"那么宇宙无限的可能是否存在呢? 我的回答是:"那要看上帝住在哪里。"如果上帝只住在半空间,譬如在 $z>0$ 的地方,那么那只两维小虫可能住在平面 $z=0$ 上。因为在小虫住的空间里,是看不到上帝的,平面 $z=0$ 是上帝让给小虫住的地方。对吗? 一般来说,一个无限的低维流形将高维空间分成两部分,甚或更多的部分,平面如此,环链面也如此。如果上帝愿意住在其中的一个部分,那么这个低维空间就是上帝让出来的。如果上帝要经常不断地在两个区域(被低维流形划成的两个部分)跑来跑去,那么这个低维空间就会不断地受到打扰。这是上帝与小虫都不甚乐意的。

问题 1:环面上有两组封闭曲线互相不能同伦,那么 2-环面呢? n-环面呢?

问题 2:在圆球上沿 3 条直径打 3 个贯穿的洞,它同胚于 n-环链,这时 n 为多少? 如果不是沿直径呢?

这样的数学的宏观宇宙观只是一种基于物理及数学的某种假设的宇宙观，即我们的三维空间是放在高维空间实体的表面，就好像我们看得到的两维流形都是三维实体的表面。可能在其他的假设下还可以有不同的宇宙形状的解释，那时空观就更加复杂了，从而穿越就有可能发生，也是可以发生的。不要去查书报或者网络，你不妨自己先试着想象一下，可以给出一些什么样的宇宙观或时空观呢？

讲过宏观宇宙观，就轮到讨论微观宇宙观了。这还必须与物理联系起来。物理的基本研究对象是物质。什么是物质？一般先是举例说明，我们身边的这个或那个实物是物质。而什么是物质，当然是物理学的基本问题，这里我要提醒大家的是：这也是一个尚未完全解决的问题，而且可能是与时俱进、永远不可能完全解决的问题。我们基本的想法是将我们认为是物质的东西进行分割，分得越来越小，一直到不能分割为止。这里"一直到不能分割为止"就有歧义，从数学的角度，我们知道是一直可以分割下去的。如果是对半分，那么分了 n 次后，是 2 的 n 次方分之 1 大小的一粒物质，我们下面要把它叫成粒子。"日取其半，用之不竭"。但是实际上并不是这样的。我们把还是保持其原有物理特性的（如铁还是铁）最小组成称为分子。再分隔，分是可以分的，但铁就不是铁了，就不是我们通常所认识的物质了。做了一些研究后我们可以说：物质由分子构成，通常的含义是带有质量并保持某种物理特性，是实在的东西。后来发现那些物质粒子还是可分的，至少可以分成原子、质子、中子、电子、光子，称为基本粒子。特别是原子的发现，电子围着原子核转，就好像地球围着太阳转。研究原子与研究太阳系很相像。描述电子轨道与地球轨道也很相似，就是所谓的多体问题：几个球或者粒子在牛顿万有引力意义下的相互关系与运动行为。讲到粒子，我们总有一种感觉，那应该是固体的，好像高尔夫或斯诺克球，我们会研究它们的碰撞。而事实上地球就不是，地球内部是一团融化了的铁水；太阳也不是，它甚至是燃烧的氢氦气，它们可以是液体甚或气体的。人类总是拿自己熟悉的东西去想象我们不熟悉、不知道的东西。那么原子、原子核乃至电子放大以后也可能是固体、液体或气体，对吗？一束光打在某种基本粒子上，如果这个粒子对于光来说几乎是液体、气体或者说透明的，那么光就会穿过它或者被它所吸收，我们还是看不见它，测量不到它。所谓粒子，就是质量相对集中，不是集中到一个数学的点，其内部还是有质量的不同的分布。在太阳系，地球是粒子。在地球上，斯诺克球是粒子，药丸是粒子，而在斯诺克球、药丸那里，分子、原子才是粒子。再后来发现（从哲学上讲也是），这些被称为基本粒子的东西并不基本，还是可分的。后来又有了中微子，进一步地还有如通过弱相互作用衰变的粒子 $\pi_\pm$ 介子、通过电磁相互作用衰变的粒子 π_0 介子、η 介子，甚至还有通过强相互作用衰变的"共振态粒子"（如 Δ 粒子、Σ 粒子等）。这里这个甚至，是说越细分以后的粒子寿命越短，几乎都到了 10 的负 30 次方秒级别。而且越是小的粒子、越是寿命短的粒子，其波粒二象性的特征越明显。因为它好像会原地消失，就好像一个人晚上把手电亮了一下。从共振态粒子这个名字就可以看出，虽然把它叫成粒子，但更加确切的是一种形态，一种振动的形态，更多的不是固态、液态、气态，而被称为等离子态。我们家里的电视可能是等离子屏的，人们怎么知道那里有一个什么粒子呢？办法是用一束我们认识的粒子去打它，测量它们的碰撞状态。就好像蒙上眼睛用手中的乒乓球往前扔，从听到的声音来判断前面那堵墙是木头的、还是铁的甚或是棉花质地的。这时要用这样的方法去探索前面是否有一根蜡烛（乒乓球不大容易恰好打到）就有点难，若再要问那根蜡烛是点燃的还是熄灭的，那就更困难了。最根本的是我们希望通过回声波了解被测量粒子的位置，那就太困难了。不像打在墙壁上，那么小的粒子被你打了以后就移动到别的什么地方，这叫"测不准原理"。小的粒子去打大的粒子较容易打到，被打的大粒子还几乎在原地。人们一开始认为存在最最基本的粒子，把它叫做"夸克"，但始终找不到或测量不到。因为刚才说了要发现夸克，就需要用更小的粒子去打它。数学证明也应该是基于物理原理的,所以数学也证明不了它的存在性,因为我们不能先定义这是最小的粒子,然后又需要用更小的粒子去发现它、测量它。夸克这个定义,甚至从哲学上说都是通不过的。什么叫物质,好像总应该是能够看得见或者测量得到的东西。最基本的是有光发出来,或者用光打上去会反射或折射出来,这样我们才能看得见或测量得到。光实际上是一种波,我们比较熟悉的、可以比较的还有声波和水波。哪个地方有水波发出来,那里可能有鱼;哪个地方有声波发出来,那个地方可能有老鼠。发一个声音,哪里有回声,哪里就有物质。蝙蝠就是这么探测前方的物质的。发一束光,哪里被照亮或有反光,那么哪里就有物质。但是如果没有回声或回波呢? 那里就没有物质了吗? 如果看不见也就是说没有光呢? 那就没有物质了吗? 抽象地说,没有波是否就等价于没有物质? 我们的经验感觉好像不是这么回事。就好像听音乐会,那把小提琴拉不拉它都在那里,但只有拉它我们才能听到音乐。更为注意的是,如果我们是用橡皮筋或棉花而不是用弓弦去拉它呢?

这样就有了另外一种假设:夸克无处不在,它好像是漂浮在空中的许许多多、非常非常小的小提琴,只有"弦"发出振动,我们才会感受或测量得到,认为那里有一些被称为物质的夸克粒子存在。这就是"弦论"。想象一下,在我们的周围到处都漂浮着小提琴,那是多么的浪漫啊! 我们可以看到的世界就是这些小提琴的合奏曲。可惜的是其中的绝大多数,我们都不知道用什么样的弓弦才能拉响这把小提琴。而发现并构造这样的弓弦,这是物理学家同时也是数学家的任务。

复旦大学数学科学学院　吴宗敏

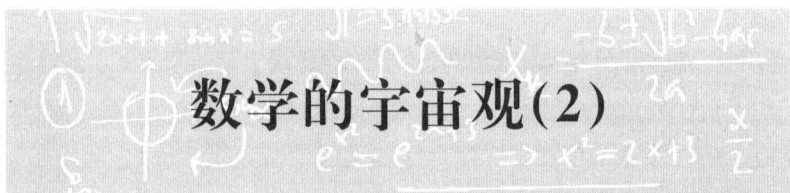

数学的宇宙观(2)

　　碰到一位哲学教授,他不同意上文所述的宇宙更有可能是一串裤衩链接起来的,也就是环链的观点。他说,那我们不管,裤衩总要放在一个空间里,我们在环链所在的空间,再建立欧几里得坐标,那么,环链外面的东西,只是我们没有探测到,但它仍然应该是宇宙。所以,宇宙总是无限的,宇宙总是欧几里得的,只不过维数高一些而已。还真是"生也有涯而知无涯"。

　　人当然要有这种精神,不能把我们不知道的东西就一笔抹杀,就认为没有。但也不能把我们不知道、不认识的东西说成任何的东西,也不能想象成我们脑子里对固有认识的一个粗浅的复制,对吧? 总能放进高维的欧几里得空间好像是基于假设:我们的三维空间是欧几里得的。这是因为我们看不太远的缘故,把弯曲的东西看成平的。然后又根据我们的常识,我们看到的东西都在这个三维空间中。

　　这位哲学教授的话有两处还需严密化的地方。

　　第一,裤衩(两维流形)一定要放在三维空间里吗? 一定可以放进三维空间里吗? 是的,我们看见的裤衩都在三维空间里。但既然称为宇宙,宇宙就是所有的总和的意思。所有的总和这个概念可以放进什么东西或者什么新概念里面吗? 在数学中,这是著名的集合论的悖论,是哥德尔在第三次国际数学家大会上提出来的:包含所有集合的集合在不在它自己的里面,或者说是不是它自己的子集合。一个村子里只有一个理发师,他给所有的不给自己理发的人理发。下面还会给出一个看似简单的问题,但事实上也已经涉及这种既是数学同时也是哲学的本质问题。

第二,即使如果可以放在某个更高维的空间里,这个空间就一定是欧几里得空间吗?在应用数学家眼里这就涉及如何构造欧几里得空间的问题。事实上,我们从来都没有构造出来过一个真实的欧几里得空间。是的,我们有欧几里得空间的蓝图,这是纯数学的概念。但还没有实现的工艺或者说实现的方法,即如何保证画出的直线真的是直的。你要构造欧几里得空间,首先要画出坐标轴,对吧?

还有一个更加初等的问题。一个 n 维的流形可以放进或嵌入一个 $n+1$ 维空间吗?这个问题已经得到解决,回答是不一定,一般不能。譬如,讲打了一个结,再把两头连起来的绳子不能摊到或嵌入一张没有奇点的曲面上,即不能放进两维流形。否则这个两维流形一定有奇点,有什么地方会搅在一起;更不可能放进两维空间,摊到一张平面上。一个打结后再连起来的绳子是一维流形的示意表示,看来它只能放到或嵌入至少三维的空间。要给出一个两维流形不能嵌入三维空间的例子就困难得多。要注意这时我们就在想象宇宙之外的事情了。一个著名的例子是"克莱因瓶",一只两维的虫子在瓶壁上可以不通过边缘或者说瓶口就能从外面爬到瓶里,事实上"克莱因瓶"是没有里外之分的。你会问我"克莱因瓶"的答案是什么?或者自己在网上搜索找到答案。但我不建议你立刻这么做,最好是自己先好好想想,因为你正在干一件非常伟大的事情,在想象宇宙之外的事情。难道这不能使你激动起来吗?而且我告诉你,网上或书中找到的也只是一个示意,因为这个两维流形是不可能在三维空间中实现的。作为提示是莫比乌斯带(见图1),你剪下一条纸带,如果把它们两头连起来,那么它是圆柱面的同胚。但是如果你在黏结两头时把纸带的一头扭一下或者翻转一下,再黏结起来,也就是把正面与反面黏结在一起。这样一只两维小虫就可以从纸片的一面爬到反面去,而不用翻过边缘,或者说跑出这个两维流形。

图 1

根本的问题还是怎么画直线。有两个基本问题:你看到的直的东西都是直的吗?反之,你会不会把弯的东西看成直的? 对前面一个问题,我们曾经在物理课中看过一半泡在水里的筷子,筷子本身是直的,但你看上去却是弯的。对后面的问题,我们在《数学的宇宙观(1)》中讲过,甚至连伟大的数学家毕达哥拉斯(Pythagoras,约前 580—约前 500)也认为地球表面是平的。所以"直"这个概念是不明确的,是相对的,是与空间中距离的定义联系在一起的。只有在欧几里得的距离下,"直"才是我们通常认为的真的直。联系到应用数学,好像我们就没有碰到过欧几里得空间,好像我们连直线都不会画。好像在画直线的过程中,我们只是一只一维的小虫,画着画着就画弯了,进入了鬼打墙。即使像光那么勇往直前,它也画不出直线。所以在这里要给一个我也正在思考而不能回答的问题。

问题:如果你是一只一维空间的小虫,就好像在光纤中,有什么办法知道这根光纤是弯的? 怎么测量弯曲度?

一维的问题有点难,两维的问题反而简单。人们已经知道作为两维空间的小虫怎么度量一张曲面是弯曲的方法。那只小虫可以在曲面上画三角形,画那种以它认为是直线(最短路径)的 3 条边围成的三角形,然后计算面积。面积可以这样计算:将三角形再分划成小三角形,计算小三角形的面积总和;将小三角形越划越细,越划越小,再计算三角形的面积的总和,这些三角形面积的总和就会趋于大三角形的真实面积。另外还有一个在中学里学过的办法,用假设是欧几里得空间三角形面积的海伦计算公式,设 $s = (a+b+c)/2$,其中 a, b, c 是三角形的3条边长,那么,面积就是 $s(s-a)(s-b)(s-c)$ 再开根号。如果这个值与用上面的方法计算得到的面积值不同,那么,曲面在这里就是弯的。你可以观察球面,对于球面,上面的三角形通常是胖三角形,也就是3条大圆围成的三角形。这时内部的真实面积会与直接用海伦公式计算出来的面积不一样。这样,那只两维空间的小虫就可以感觉到,那张曲面是弯的,这里"弯"的意思就是不能把它摊平。如果是圆柱面,通常我们也把它归为弯的,但是可以摊平。这时用两种办法计算出来的面积值相同。如果曲面上任何的三角形用这两种办法计算出来的面积都相同,那么这样的曲面是可以摊平的。这里我们认为可以摊平的曲面不是弯的,而把它看成是平的,也可以在这样的曲面上建立欧几里得坐标系。

两维空间是否是弯的,我们可以用胖三角形的概念来测量或感觉。而一维空间及三维空间是否是弯的,我们还需要想出更加合理的方法来刻画与描述。

问题:怎么通过两种面积计算的不同来描述曲面在某处的弯曲度? 以球面作为例子,你能通过两种不同的面积计算结果来算出球的半径吗? 数学上也有用球的半径的倒数即曲率(弯曲的强度)来度量曲线的弯曲度。

问题:如果是椭球呢?

如果我们可以度量空间的弯曲,并且知道它是往哪个方向弯的,那么就可以构造曲面或者说根据弯曲度慢慢地"长"出这张曲面,从而把弯曲的曲面放到更加高维的空间里,或者用数学的语言说,就是嵌入高维空间里。但问题又来了,刚才我们已经给出过例子:一个一维的流形不能放进或嵌入两维流形中,那么,它一定可以放进三维空间中吗? 是的,用绳子做一维流形,再怎么打结,都可以嵌入三维空间中。原因是我们用的材料——绳子是在三维空间中的,我们的结也是在三维空间中打的。那么，我们是否可以拿更高维空间的绳子来打结呢？我们是否可以在四维空间打这个结呢？或者打一个五维空间的结呢？这样的一维流形可以放进或嵌入三维空间吗？甚至是不是存在某个一维流形，它根本就不可以放进任何维的空间呢？我在读博士期间有个师兄，就曾经在计算机前坐了几个星期，只是观察四维空间的正方体，从不同方向投影到两维空间的影像。你要知道，他可是在想象世界之外的东西。

显然在三维空间完成的结，可能不可以嵌入两维流形，那么在四维空间或五维空间完成的结可能就不可以嵌入三维中。我们先不讨论怎么构造四维空间的结，因为这是低一层次的问题。我们要问：如果可以构造不能嵌入三维空间的结，是否可以由数学归纳法构造不能嵌入四维、五维乃至任何维空间的结呢？

上面这些问题数学当然已经解决。我是说，对一维流形的问题是已经解决了。但是对高维的流形，研究结果就很少了。一个著名的例子就是我们的四维时空流形。现代的数学家认为应该要放进或者嵌入十一维空间，或者说在十一维空间才能实现。

复旦大学数学科学学院　吴宗敏

数学是一门艺术性语言

——语言影响人们的思维方式

　　本文的目的是试图要回答"数学是什么?",拿起笔才感觉到这正是数学一个尚未解决的根本性问题。没有一个数学家可以回答"数学是什么"。"不识庐山真面目,只缘身在此山中"。这已经由哥德尔在第三届国际数学家大会上用数学证明了。

　　"数学是关于数和形的一门精确的学问",这是老师教我们的数学的一般的定义。严格地说:这只是古典数学——欧几里得几何及数学的定义。当然古典数学是数学的源泉、数学的基础。当集合论已经作为小学数学课本内容的今天,数学的定义至少应该改成"数学是关于对象和关系的精确的演绎系统"。即使如此,这也仅是关于基础数学的一个较为贴切的定义。如果考虑到应用数学,还应该拓展成"数学(特别是应用数学)是关于对象和关系的演绎,以逐步精确地描述、解释世界的学问"。在实际应用中,除了一个苹果加一个苹果等于两个苹果这类小学习题之外,精确解一般很难得到,甚至完全不可能得到。即使有解,苹果的品种、大小可能更为重要。即使像画直线这样最基本的数学问题,我们也没有可能做出来。光线也会产生弯曲和折射,这也是为什么早上看太阳看上去比较大的原因。所以,数学家兼思想家罗素(Bertrand Russell, 1872—1970)说过:"一切问题,都是逼近问题。"哲学上也认为"没有绝对真理,只有相对真理"。数学家特别是应用数学家,他们做的无非是希望找到一种方法,可以逐渐精确地描述已知甚至未知的世界,而这样的方法或理论一定是与时俱进的。

按照美国数学会的分类,数学大约有 100 余个分支。我熟悉的至多只有 7—8 个分支。而要回答"数学是什么?"属于数学总论的范畴,这是以前我完全陌生的领域。数学总论研究亦如浩瀚的大海,写这篇文章最多只能算是海边戏水,可是我很想与大家一起分享戏水的愉悦心情,希望可以感染一些人,引起他们对大海的向往。

文章的题目与相声的第一句话相似,"相声是一门语言艺术,讲究'说学逗唱'"。注意这里是"讲究",就是还没有达到。事实上,相声也经常运用数学语言,叫做反证法或归谬法。这篇文章的论点是"数学是一门人、社会、自然对话的艺术语言",它仅仅是一种语言,讲究"严、简、谐、续"。严格地说是"严谨、简明、和谐、自我完善、可持续发展"。语言的功能是交流,主要包括描述、论证、思想。而语言的思想功能是语言的高级功能,可以反过来促使人脑对语言提出修正及进一步发展。

严谨是数学语言的特征:为了达到严谨,通常采用抽象手段,即采用符号作为本语言的文字,而符号之间的关系是可以量化的。譬如,中文文字也可以认为是符号语言,由方块字符号组成。但是数学语言中不能说"我没有看见一个人"。必须讲清如果看见的不是一个人,那到底看见几个人,还是 0 个人。数学是量化的语言。有些无法量化的东西我们用概率——对可能性的量化。

简明是数学语言的另一个特征:三段论是数学语言的代表——前提(公理、大前提)、条件(小前提)和结论。而数学希望将整个数学语言系统化,尽量地做到前提最小化,条件最弱化,而使得结论最大化。大数学家欧拉曾经说过:"一切问题都是求最大最小问题。"甚至上帝也是按趋利原则创造世界的,连光线走都是最短路径。

和谐就是美,就是艺术:数学语言描述复杂事物时,总是将其分解,逐步地提炼出和谐的部分。其代表就是利用函数空间的基进行展开,如多项式展开、傅立叶级数展开等。用函数、映照、算子表现它们的关系。应用数学中的数学建模,就是寻找函数间的和谐的微分算子关系。事实上,要想越来越精确地描述事物之间的关系,其模型必定越来越复杂。

数学不是一门封闭的学问,它在不断地自我完善,是可持续发展的。研究的对象(整数、有理数、实数、域、集合)的发展是如此,研究的方法与思想更是如此。

除了这 4 个特征以外,数学抽象的根本目的是:有了这些对象描述与关系以外,在这样的数学架构之上,还可能推导出什么? 即:不单是描述世界,而是基于理性推导出人们还不曾经历的世界。通俗地讲,"数学想了解上帝创造世界的秘诀,从而预测甚至创造今后的世界"。近代科学成功的秘密正在于此。数学就是寻找对于科学现象进行独立于任何物理解释的定量的描述,而不单是以实用为出发点的理性力量。

当今数学的最大难题是什么? 我们一定会列出一系列著名猜想,可是这些猜想只是数学内部的问题。当然这些都是世纪难题。但是当今数学真正的最大难题是判断"本句话是错的"的准确性。不管是中文,还是数学语言,从语言学的角度,这是一句陈述句,没有句法、语法错误,而从数学的严谨性,这样的语言在数学中出现是不能被允许的,但可悲的是,为了架构整个数学大厦,这样的语言不可避免地会在数学语言中出现,这被称为"第三次数学危机"或者叫做"集合论的悖论"。

语言的最大功能是交流的工具,诚然语言不是交流所必需的。禅学中讲究"不立文字,直指人心",大家都知道六祖惠能讲解金刚经的故事,但是后世学习禅学还是要通过那些禅学的书籍或者通过禅师的身体语言——棒喝。进一步地有语言可以提高对话交流的能力、提高论证能力,更为重要的是"语言同时将影响甚至决定掌握这类语言的人们的思维方法"。数学语言在描述、论证方面的优点已经广为人知,而数学语言影响甚至决定人们的思维方法研究正是一门新兴学科,它将会蓬勃发展。本文的目的也正在于此。

一般认为中文由于象形文字比较浪漫,拉丁语系由于采用更加抽象的符号比较严谨。所以,古典中国画写意,用泼墨、挥毫作画,可能酒喝得越多,画作得越好。画作亦以山水见长,可以配上"飞流直下三千尺,疑是银河落九天"的题跋,可以画出"踏花归来马蹄香"的意境。而西方古典绘画讲究真实、比例、透视,长于人物,用色彩、光线表达情调。达·芬奇说过:"欣赏我的画的,没有一个不是数学家。"当然随着文化的交流,西方逐渐出现了象征主义、印象派、抽象派等。运用数学语言,西方古典绘画的本质是射影几何,而后现代主义还是没有脱离数学语言的发展,是函数变换以后换一个角度表现特征。正是这种语言的特质影响了人们的行为方式,中国人有"好读书、不求甚解"的说法,而德国人的作为有如同"火车时刻表"的习惯。

讲到语言,就会联系到翻译,理论物理学家做的就是物理语言的数学翻译。近代科学的历史就是数学语言越来越多地被应用到或者翻译到各类科学,甚至直接用数学语言来研究具体科学。说到翻译,应该注意两点:(1)语言间的翻译不是 1-1 对应的,我们设想两种语言的单词间的翻译可以用矩阵表示,但这个矩阵不是单位阵。一个词可能对应不同的同义词、近义词,矩阵中的元素说明不同语言两词间的近似程度。(2)语言间意译的质量与语言本身的完备性有关。以打招呼为例,我们经常教外国人用"你好!"打招呼,而他们在实用时往往说成"你好吗?",这与他们本身的语言习惯有关。可见翻译、语言比较是一门大学问。外国人说"你好吗?"我们知道是什么意思;但如果是一个中国人对你打招呼时用"你好吗?",你可能会回答:"什么意思,我有什么不好的?"打招呼可以说"你好"、"干嘛呢"、"吃了吗"、"嘿"、"怎么又是你啊,你这小鬼",甚至点一点头、眨一下眼睛。

这些都只是现象。本质是他想与对方加深关系的意愿的程度表达，也就是说可以量化，可以用数学语言表达。小说家或者电影导演就是运用这种量化的数学语言，在描写一对恋人的各次碰面时会采用不同的打招呼方式及身体语言，来反映他们两人关系的发展程度以及感情的反复曲折。

　　讲翻译不得不讲数学名词的中文翻译。数学中用英语写成"data"的词在大陆与台湾就有不同的译文，大陆翻译成"数据"，而台湾翻译成"资料"。对于"approximation"，大陆翻译成"逼近"，而台湾翻译成"近似"。可见第一个词台湾翻译得比较好，有发展的余地。而第二个词大陆翻译得比较好。逼近，逼着近，是一个过程，而不是一个简单的近似。在给学生讲逼近论时教师经常举这样的例子："在马路上看见一个美女，多看她几眼，甚至跟了她几步，那叫'近似'。继续与她搭话、给她送花、送戒指，如若她还不理你，就自杀，不达目的誓不罢休，这叫'逼近'，这个'逼'字，充分体现了'approximation'的神韵。"

　　语言还和辩论联系在一起，数学语言可以辩论吗？当然可以。数学家的工作就是整天用数学语言自己与自己辩论。当然其最后目的是与他人辩论，与自然世界辩论。一般精彩的辩论往往是抓住别人的小辫子，甚至挖一个陷阱等着别人跳，而数学语言辩论的特质是让我们一起来剪去双方的小辫子。数学家不能给他分配成正方或反方，而是随时准备坚持真理、随时准备修正错误。历史上运用数学的著名辩论莫过于"上帝存在性的证明"。关于经济是市场的好还是计划的好，政治是集中控制型的好还是民主影响型的好，都有过运用数学语言的精彩证明或辩论。事实上，数学可以证明或者辩论"民主系统下也可能产生希特勒，独裁系统下可能会发生苏联解体"。

　　语言的基本功能是描述事物。数学描述事物采用的一个基本手段是调和分析，或者说和谐展现。从简到繁，顺序渐进。数学的本质就是从杂乱中发现和谐，从复杂现象中发现简单规律。譬如，声音的傅立叶级数展开。什么叫音色美,用较少的傅立叶级数项可以展开的音色就美,这时它的声波函数的图像也美。到卡拉 OK 厅或者录音室唱歌,唱出来就是好听。因为调音师可以归并你的声音的傅立叶级数项,而抹去你的杂音项,使之成为一条美的曲线。也可以说是特征分解、主成分分析。曾经听说过一个故事:一个生物学家、一个物理学家、一个数学家在草原上看见一群黑色的羊,生物学家说:"啊,草原上的羊都是黑色的。"物理学家说:"不对,你应该说在草原上我们看到的羊都是黑色的。"数学家说:"你也不够准确,应该说我们看得到的羊的那半边是黑色的。"我想那位讲故事的应该是漫画家,但是他说的却是数学语言,也就是上面说的特征分析、主成分分析。他抓住了 3 类科学家的某些主成分——重要特征,可惜不够全面。笼统地说生物学家比较宏观,数学家不是不懂得宏观,但同时尽可能地体现微观。事实上,目前数学、物理、生物对于这样的问题都采用相同的方法——假设检验这个数学语言。而习惯于数学语言思想的数学家还会进一步地给出猜想"这里冬天可能不下雪",推论"如果下雪,那么这个草原上没有狼"。请读者也用数学思想方法想一想,为什么数学家还会有这样的猜想与推论。假设检验的本质也就是不知道这些结论对不对,但是我们先把它列出来,然后来分析其可能性——用概率定量化。数学不仅是简单的归纳,也不仅是严格的归纳,而是严格归纳以后的演绎,是基于演绎推理的系统下的已知及未知世界的描述:有并且确切有什么? 关系如何? 从而可以推断出什么? 可能还会有什么? 进一步地还可以推断出什么?

　　平行线是什么? 铁轨? 不对! 直线是什么? 光线? 不对! 而这正是欧几里得几何的基础。惯性是物体没有受外力的作用下永远沿一条直线运动,但是从来没有人看到过某个物体永远沿直线运动,这是不能通过实验获得的,而它却正是导出万有引力的基础。牛顿(Isaac Newton,1643—1727)是历史上少数的幸运地被苹果砸中头的科学家。古希腊时就已经考虑为什么扔上空中的物体会掉下来,水为什么会有浮力,但是想了上千年都不得其解。伽利略(Galileo Galilei,1564—1642)提议:让我们来看看这些变量间的数学关系。这一句话体现了科学研究的数学精神,从此物理学家学会了数学语言。牛顿事实上是被伽利略的这句话砸中了头。

数学语言的本质是科学的描述,然后演绎,从而推理解释。只是观察加冥思苦想得出的解释缺乏科学性,科学的解释必须建立在科学的描述上。进一步地,科学的描述还可以推导出根本不能观察得到的物理世界的新的结论。单个现象或实验几乎没有什么价值,价值在于把它们联系起来的结论。为了不受思想惯性的影响,数学家及全体科学家有意将实际问题抽象得面目全非,再通过变换、映照转换到另外更大、更复杂的空间中去分析问题。而这个变换往往是理想化、标准化、简单化及思想高度化的。许多平面几何的难题,在立体几何中解决它就容易得多,而在解析几何、微分几何中根本就不能称之为问题了。

数学的理性体现于"大处着眼、小处着手"。首先利用抽象的方法以期达到普遍性,在获得了结构性的普遍理论以后,再在应用时注意个体特质。用一个例子说明:点与向量在数学中都可以用三维数组或者欧几里得坐标表示,向量可以有加法、数乘等运算,而对点作这样的运算是没有实际意义的。数学处理点的问题时,先统一到向量空间,如果 A, B 是两个点的坐标,那么 $A/2$, $B/2$ 都是没有意义的,但是 $A/2 + B/2$ 却变成了有意义的中点。如果不引入向量数乘及加法,人们就很难写出中点的坐标。解决数论问题用解析数论的方法(离散问题连续化),解微分方程利用变分原理(将线性问题变成两次最优问题),都是将问题变成一个看起来更为复杂的问题。走路到麦加朝圣比较困难,数学家说:"让我们先造飞机吧。"借此,我也对社会上有许多人致力于用简单方法解决世界数学难题说几句。你能够走路到麦加朝圣回来,数学家会说:"不错。"但是数学家更加感兴趣的是火车提速,造出超音速飞机。数学家对解决数学难题过程中出现的新的数学方法及思想的兴趣远远大于解决问题本身。因为你还可以乘火车及飞机去耶路撒冷、去罗马、去西安以及世界的任何地方。

我们说数学是独立于具体学科的通用语言——是科学的世界语（世界语与特定国家民族无关，数学语言与特定学科无关）。所以数学语言可以、应该甚至必须能运用到每一门具体学科。任何学科只有用到数学，充分利用数学语言，才能达到科学的水平，不管是自然科学还是人文科学。任何学科只有与数学结合在一起，才具备真正的科学性。科学的历史证明：当哲学脱离了某项研究，表示一门新学科的诞生；而当数学进入某学科，表明该学科的成熟。

每个人都在讲数学语言，理论物理学家是数学语言运用最好的人群，就好像北方人讲普通话。还有天文、工程、经济、金融、生物，事实上还有其他任何科学的科学家。那么你要问：数学家干什么？数学家只是语言学家，他们致力于使得数学语言更完美。而语言的产生很多不是来自于语言学家本身。大学里的语言学家，通常不会说相声，也通常不是流行语的发明者。牛顿更加应该归类于力学家，数学上的成就只是他的副产品。而应用数学相关的工作是翻译，是数学语言的翻译家、语言比较学家。同样，应用数学的创始人不是工程师，也不是关心应用的数学家，而是思想家笛卡尔，正因为他的笛卡尔坐标系考虑了物质的本质、真理本质。他的基本思想如下：（1）我思故我在；（2）有现象必有原因；（3）结果不能大于原因；（4）完美空间、时间、运动的概念原存于人的心中。这些正是数学语言影响下的思维方式。

很多人都认为数学语言空洞、艰深、难懂，但是数学家却认为它"好玩"，每个人都会玩的东西就不怎么好玩。对数学望而却步，肯定会滞碍你搞其他学科的能力。数学是用演绎方法研究抽象问题、思考抽象事物，这比思考具体事物看起来困难得多，但有时却反而简单，更为重要的是我们获得了一般性的结果。这也是通常我们所说的思想高度。跳出自己的世界看问题，是数学的本质。从地心说再到日心说到宇宙说，就是逐步跳出自己的世界看问题的过程。

学数学要学什么？数学教育应该是思维能力、推理能力、判断能力、演绎能力的培养，绝不仅仅是中学教育中的那些知识点。知识点只是算术，只是一种技术，而数学是学问、是科学。数学教育应该成为培养思想家的思维训练课程。柏拉图在罗马科学院门口写有牌子："不懂几何的，不可入内。"就是要研究哲学及各类科学的人们首先要有数学思维方式的训练。当然其前提是掌握数学语言，更重要的是用数学语言思考问题。

现代西方文明发展与数学密不可分，数学是一支基本的文化力量。人们在回答"数学有什么用"时，比较突出其工程、物理等直接的、看得见的应用，事实上"用数学语言影响及决定的思维方式考虑问题"是数学对西方文化及科学发展的最大贡献，其哲学思想、思维方法是现代科学中任何学科的基础核心。对于数学发展的动力，人们往往也只是注意到实际应用、科学发展，而忽略了审美、情趣、好奇心、智力挑战、心灵满足等方面。在人类文明中，数学如果脱离其丰富的文化基础，就会简化成一些技巧，不能完全体现其本质的内涵。认为数学仅仅是一种描述世界的工具是远远不够的，甚至可以说是肤浅的，它只是数学的外延，其前瞻性、创造性以及演绎功能才是数学的核心。实用的、科学的、美学的、哲学的因素促进数学的发展。自由的思想为探索世界预先提供构架，这就是所谓的"创新"。数学使得人脑对世界进行再创造。自由的思想可能是错的、不实在的，甚至可能是根本无用的，但是这也可能是未来世界的基石。一时的功利标准可能会断送极具创造力的成果。

最后还是讲一个语言的问题：如果在诺亚方舟上最后只剩下一个男人和一个女人，其中一个人会一种比较僵化的语言，由于这种语言的影响使其拒绝学习，而另一个人会一种比较好的开放语言，由于这种语言的影响使其更加具备学习的能力与兴趣。那么，他们在以后的生活中将会使用哪种语言呢？他们繁衍的后代将会使用哪一种语言呢？引用耶稣最后对彼得的告诫："要保持清醒哪。"

复旦大学数学科学学院　吴宗敏

（本文摘自《科学》2009 年第 61 卷第 5 期，此处文字略有改动。）

为什么"同花顺"最大？

德州扑克游戏(也称为"梭哈"游戏)用的是一副除去大王、小王的52张扑克牌,每位游戏者依次分得5张牌,然后比较"大小"分输赢。那么,如何规定各种牌型的"大小"呢? 以牌型出现的可能性大小排序应该是合理的,即出现可能性越小的牌型就越大。如何计算各牌型出现的"可能性"大小,其实就是数学中的概率问题。

一、概率知识介绍

概率论是一门研究随机现象规律的数学分支,起源于17世纪中叶,当时由于需要整理和研究大量的随机数据资料,例如一些误差分析、人口统计数字等,从而产生了专门研究随机现象的规律性的数学。一个"分赌本"的问题吸引了许多数学家参与讨论研究,惠更斯(Christian Huygens,1629—1695)写了《论赌博中的计算》,从而奠定了古典概率的基础。瑞士数学家雅各布·伯努利(Jakob Bernoulli,1654—1705)、法国数学家棣莫弗(De Moivre,1667—1754)和拉普拉斯(Pierre-Simon. Laplcece,1749—1827)等对概率论的建立作出了很大贡献,后来经过著名德国数学家高斯(Carl Friedrich Gauss,1777—1855)、法国数学家泊松(Simeon-Denis Poisson,1781—1840)以及俄国数学家柯尔莫哥洛夫(Andrey Vikolaevich Kolmogorov,

1903—1987)等的努力,不仅确立了概率论在数学中的重要地位,而且使概率论成为一门严谨的数学分支。下面简单介绍一下概率论(特别是古典概率)的基础知识。

1. 几个基本概念

(1) 随机试验:我们将具有以下 3 个特点的试验称为随机试验。(i)可以在相同条件下重复进行;(ii)每次试验的结果不止一个,且事先可知全部可能的结果;(iii)试验之前不能确定哪一个结果会出现。

例如,抛一枚硬币,观察得到是正面还是反面,是一个随机试验;掷 3 个骰子,观察 3 个骰子点数之和,也是一个随机试验;从一副扑克牌中随机抽出一张,观察是什么花色,同样是一个随机试验。这些试验都具有以上 3 个特点。

(2) 样本空间:随机试验的所有可能结果组成的集合称为这个试验的样本空间,此集合的元素称为样本点。

例如,抛一枚硬币的样本空间即为 $S_1 = \{$正面,反面$\}$;掷 3 个骰子,观察点数之和的样本空间为 $S_2 = \{3, 4, 5, \cdots, 18\}$。

(3) 随机事件:我们称试验的样本空间的子集为试验的随机事件,简称事件,单个样本点称为基本事件。

例如,上述掷 3 个骰子,S_2 的子集 $A = \{3, 4, 5\}$ 即为事件"3 个骰子点数之和小于 6"。

2. 频率与概率

一个随机试验在相同条件下进行了 n 次试验,若事件 A 共发生了 m 次,我们称比值 $\dfrac{m}{n}$ 为事件 A 发生的频率。所以,频率的大小表示事件 A 发生的频繁程度,也体现了事件 A 发生的可能性大小。但是同样进行几次试验,事件 A 发生的频率一般是不同的。例如,抛硬币 100 次,第一次做"正面次数"可能出现 51 次,第二次做"正面次数"可能出现 46 次。读者无妨去试一试,当试验次数 n 越小时,频率越不稳定；当 n 越来越大时，频率逐渐稳定于某个常数，这个频率的稳定性也就是统计规律性。因此我们若用这个频率的稳定值来表示事件发生的可能性大小应该是合适的。

概率就是度量一个事件发生的可能性大小的数值，数学中为了理论研究等需要对概率作出抽象的定义，这里不作详细介绍。当试验次数不断增加，事件 A 发生的频率的极限值（稳定值）即为事件 A 的概率，记为 $P(A)$，概率有以下基本性质：

(i) 对任意事件 A，$P(A) \geqslant 0$；

(ii) 若样本空间记为 S，则 $P(S) = 1$；

(iii) 若事件 A_1，A_2，$\cdots$，A_n 两两不可能同时发生，则 A_1，A_2，$\cdots$，A_n 中至少有一个事件发生的概率

$$P(A_1 \bigcup A_2 \bigcup \cdots A_n) = P(A_1) + P(A_2) + \cdots + P(A_n)。$$

若 A，B 两个事件不可能同时发生，且 A，B 中必有一个发生，则称 B 为 A 的对立事件（也称逆事件），记为 $B = \overline{A}$；或者 A 为 B 的对立事件，即 $A = \overline{B}$。也就是有 $A \bigcup \overline{A} = S$（样本空间），显然，

$$P(\overline{A}) = 1 - P(A)。$$

对两个事件 A 和 B，至少有一个发生的概率

$$P(A \bigcup B) = P(A) + P(B) - P(A \bigcap B)，$$

其中 $P(A \bigcap B)$ 表示 A，B 同时发生的概率。

3. 古典概率

如果随机试验具有以下两个特点：(i)样本空间的元素只有有限多个；(ii)每个基本事件发生的可能性相同，则这种试验称为古典概型，也称为等可能概型。古典概型的概率问题我们称之为古典概率。因为古典概率问题中每个基本事件发生的概率相等，所以有以下事件 A 的概率计算公式：

$$P(A) = \frac{A \text{ 中基本事件数}}{S \text{ 中基本事件数}}.$$

下面我们举两个计算古典概率的例子。

例1：掷两颗骰子，求两颗点数之和大于 8 的概率。

解：记两颗骰子点数分别为 a，b 的事件为 (a, b)，则样本空间为

$$S = \{(1, 1), (1, 2), \cdots, (1, 6), (2, 1), (2, 2), \cdots,$$
$$(2, 6), \cdots, (6, 1), (6, 2), \cdots, (6, 6)\}.$$

因此所求概率为 $P = \dfrac{10}{36} = \dfrac{5}{18}$。

例2：口袋里有 5 只红球，3 只黑球。从口袋中随机摸出 3 只球，求至少有一只黑球的概率。

解：设 A 表示"至少有一只黑球"这一事件，则这个事件包括了有 1 只黑球、有 2 只黑球和有 3 只黑球 3 种情况，所以

$$P(A) = \frac{C_3^1 \cdot C_5^2 + C_3^2 \cdot C_5^1 + C_3^3}{C_8^3} = \frac{23}{28}.$$

或者可以这样计算：$\overline{A}$ 表示没有黑球，即 3 只全是红球，那么有

$$P(A) = 1 - P(\overline{A}) = 1 - \frac{C_5^3}{C_8^3} = 1 - \frac{10}{56} = \frac{23}{28}.$$

在实际生活和科学研究中，许多问题都是古典概率问题，古典概率有着广泛的应用。接下来我们将用古典概率的计算方法，计算德州扑克游戏中各种牌型出现的概率。

二、"同花顺"最大

一副扑克除去大小王，有 52 张，共 4 种花色：黑桃、红桃、梅花和方块，每种花色 13 张牌，分别是 A，1，2，3，4，5，6，7，8，9，10，J，Q，K。下面计算从 52 张牌任取 5 张所得各种组合（牌型）的

概率。

（1）"同花顺"（straight flush）。同一种花色按顺序连续 5 张组成的牌型称为"同花顺"（见图 1）。

图 1

特别是由同一花色的 A，K，Q，J，10 组成的"同花顺"称为"同花大顺"（royal Flush），在香港称为"黄袍旗"（见图 2）。

图 2

A 也可以和 2，3，4，5 组成"同花顺"（见图 3），这是方块中最小的"同花顺"。但 A 不能在中间，如图 4 所示不是"同花顺"。

图 3

图 4

由上可知，构成"同花顺"的牌型有：

A2345，23456，…，10JQKA 共 10 种，共有 4 种花色，所以出现"同花顺"的概率为

$$P = \frac{10C_4^1}{C_{52}^5} = \frac{40}{2\,598\,960} \approx 1.539 \times 10^{-5}。$$

其中出现"同花大顺"的概率为

$$P_0 = \frac{C_4^1}{C_{52}^5} = \frac{4}{2\,598\,960} \approx 1.539 \times 10^{-6}。$$

除去"同花大顺"的"同花顺"出现的概率为

$$P_1 = \frac{10C_4^1 - 4}{C_{52}^5} = \frac{36}{2\,598\,960} \approx 1.385 \times 10^{-5}。$$

(2)"四条"(four of a kind)。4 张同一点数加上一张其他牌,这种牌型称为"四条",也称为"铁支"、"炸弹"等,如图 5 所示。

图 5

一共有 13 种不同的点数,所以出现"四条"的概率为

$$P_2 = \frac{C_{13}^1 \cdot C_{48}^1}{C_{52}^5} = \frac{624}{2\,598\,960} \approx 2.4 \times 10^{-4}。$$

(3)"满堂红"(full house)。3 张相同点数的牌,加上 2 张有相同点数的其他牌组成的牌型称为"满堂红",也称为"俘房"、"葫芦"、"骷髅"等,如图 6 所示。

图 6

作为 3 张相同点数的牌的点数有 13 种选择,且在 4 种花色里可任意取 3 种花色,作为另外 2 张相同点数的牌的点数有剩下的 12 种选择,且 4 种花色可任选 2 种,所以,出现"满堂红"的概率为

$$P_3 = \frac{(C_{13}^1 \cdot C_4^3) \cdot C_{12}^1 \cdot C_4^2}{C_{52}^5} = \frac{3\,744}{2\,598\,960} \approx 1.441 \times 10^{-3}.$$

(4)"同花"(flush)。5 张牌同一花色的牌型("同花顺"除外)称为"同花",如图 7 所示。

图 7

这里指的"同花"是除去"同花顺"的情形,因此,此牌型出现的概率计算如下:花色有 4 种情况,每一种花色在 13 张牌中任取 5 张,然后再减去同花顺牌型的 40 种情况,即有

$$P_4 = \frac{C_4^1 \cdot C_{13}^5 - 40}{C_{52}^5} = \frac{5\,108}{2\,598\,960} \approx 1.981 \times 10^{-3}.$$

(5)"顺子"(straight)。按顺序连续的 5 个点数牌型称为"顺子",即在"同花顺"中 5 张牌不是同一种花色的情况。5 张顺连的牌型有 10 种,每张可以有 4 种花色,减去 5 张花色相同的 4 种,即为顺子的总基本事件数,于是出现顺子的概率为

$$P_5 = \frac{10(4^5 - 4)}{C_{52}^5} = \frac{10\,200}{2\,598\,960} \approx 3.925 \times 10^{-3}.$$

(6)"三条"(three of a kind)。5 张牌有 3 张牌点数相同,其余 2 张牌和这 3 张牌的点数不同,这 2 张牌的点数也不相同,这样的牌型称为"三条",如图 8 所示。

3 张牌同点数有 13 种选择,其在 4 种花色里任选 3 种,然后在

图 8

12 种点数里选出 2 种作为其余 2 张牌且花色可任意,因此,出现"三条"的概率为

$$P_6 = \frac{(C_{13}^1 \cdot C_4^3) \cdot C_{12}^2 \cdot 4^2}{C_{52}^5} = \frac{54\,912}{2\,598\,960} \approx 0.021\,1。$$

(7)"两对"(two pairs)。2 张相同点数的牌,加另外 2 张相同点数(点数和前 2 张不同),再加 1 张与前面点数都不同的牌组成的牌型称为"两对",如图 9 所示。

图 9

在 13 种点数中可任选 2 个点数作为"对子"(两张点数相同的牌)的点数,其花色可任选 2 种,然后在 11 种点数中选 1 种且花色任意作为其余的 1 张牌,因此"两对"出现的概率为

$$P_7 = \frac{C_{13}^2 \cdot (C_4^2)^2 \cdot C_{11}^1 \cdot C_4^1}{C_{52}^5} = \frac{123\,552}{2\,598\,960} \approx 0.047\,5。$$

(8)"一对"(one pair)。5 张牌里有且仅有 2 张牌点数相同,其他牌之间点数互不相同的牌型称为"一对",如图 10 所示。

图 10

"对子"的点数有 13 种选择且在 4 种花色里任选 2 种,然后在剩下的 12 种点数中任选 3 种,花色任意,因此,"一对"出现的概率为

$$P_8 = \frac{(C_{13}^1 \cdot C_4^2) \cdot C_{12}^3 \cdot 4^3}{C_{52}^5} = \frac{1\ 098\ 240}{2\ 598\ 960} \approx 0.042\ 3 。$$

(9)"无对"(no pair)。除了以上牌型以外的牌型称为"无对"。"无对"牌是既不能构成"顺子"也不能构成"同花"且点数各不相同的牌型,如图 11 所示。

图 11

所以,"无对"出现的概率为

$$P_9 = 1 - (1.539 \times 10^{-5} + 2.4 \times 10^{-4} + 1.441 \times 10^{-3} + 1.981 \times$$
$$10^{-3} + 3.925 \times 10^{-3} + 0.021\ 1 + 0.047\ 5 + 0.423)$$
$$\approx 0.501 。$$

或者直接计算:在 13 种点数中任取 5 种减去 10 种构成顺子的情况,花色任意但要减去 4 种花色相同的情况,因此所求概率为

$$P_9 = \frac{(C_{13}^5 - 10) \cdot (4^5 - 4)}{C_{52}^5} = \frac{1\ 302\ 540}{2\ 598\ 960} \approx 0.501 。$$

根据越难出现(即出现可能性越小)的牌型越大的原则,德州扑克游戏中牌型的大小顺序为

"同花顺">"四条">"满堂红">"同花">"顺子"
>"三条">"两对">"一对">"无对"。

如果牌型一样,则利用数字和花色决定胜负,其中数字优先,数字和花色大小顺序为

A＞K＞Q＞J＞10＞9＞8＞7＞6＞5＞4＞3＞2；
黑桃＞红桃＞梅花＞方块。

但在"顺子"5，4，3，2，A中，A是最小的一点。

表1中列出了大约平均多少次会出现1次相应的牌型，例如，表1中右边第一个数表示平均649 740次才出现1次"同花大顺"，等等。

表1

牌型名称	n（平均 n 次出现1次）
"同花大顺"	649 740
非"同花大顺"的"同花顺"	72 193
"四条"	4 165
"满堂红"	694
"同花"	508
"顺子"	254
"三条"	47
"两对"	21
"一对"	2.4
"无对"	2

三、如何在游戏中胜出？

在德州扑克游戏中，每位参加者的5张牌不是一次发给的，一般首先各发2张，进行"押注"，然后再发1张牌，再"押注"，直至发满5张，且第一次发的2张牌，其中1张是不亮出的（到最后决胜负时亮出），其他牌发下就亮出。所以，在发牌（押注）过程中，如果你随时分析判断出自己和对方得到各种牌型的可能性大小（概率），那么就可以决定你是否要继续"押注"，这样，从总体上你就会大大增加赢的可能性，牢牢把握胜利的机会。

下面我们举一个例子。

例3：甲、乙双方进行德州扑克游戏，假设5张牌已分发完毕，甲乙双方亮出的4张牌如图12所示，那么，甲和乙谁赢的可能性大呢？

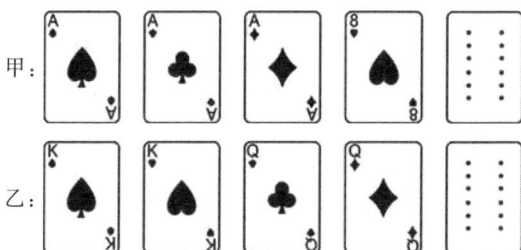

图 12

解：因为共亮出8张牌，所以未亮出的2张牌在剩下的44张牌中。亮出的牌中甲比较大，而能影响胜负的是以下8张关键牌（见图13）：

图 13

（1）在以下两种情况，甲方胜：

（i）甲未亮的牌为A或者8；

（ii）甲、乙未亮的牌都不在以上8张关键牌中。

（2）以下情况乙方胜：

乙未亮的牌是K或Q，且甲方未亮的牌不是A也不是8。

甲方取得 A 或 8 的概率为 $\quad P_{11} = \dfrac{4}{44} = \dfrac{1}{11}$,

甲方取得的牌不是 A 或 8 的概率为 $\quad P_{12} = \dfrac{40}{44} = \dfrac{10}{11}$。

乙方取得 K 或 Q 的概率为 $\quad P_{21} = \dfrac{4}{C_{44}^1} = \dfrac{1}{11}$,

乙方取得的牌不是 K 或 Q 的概率为 $\quad P_{22} = \dfrac{40}{C_{44}^1} = \dfrac{10}{11}$。

因此,甲方取胜的概率为

$$P_1 = P_{11} + P_{12} \cdot P_{22} = \dfrac{1}{11} + \dfrac{10}{11} \cdot \dfrac{10}{11} = \dfrac{111}{121} \approx 0.917,$$

而乙方取胜的概率为

$$P_2 = P_{21} \cdot P_{12} = \dfrac{1}{11} \cdot \dfrac{10}{11} = \dfrac{10}{121} \approx 0.083。$$

P_1 远远大于 P_2,所以可以说甲胜不在话下。

读者可以试着对其他情况进行分析计算,判断出双方取胜的可能性大小。当然,在实际游戏中可能性(概率)大不一定取胜,这正是随机试验的魅力,也就是这种随机性给游戏带来了很大的乐趣。

浙江大学数学科学学院　卢兴江

无穷小量的求和

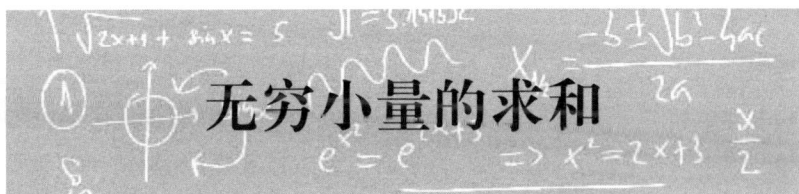

17世纪70年代，人类完成了一项伟大的发明：微积分。牛顿（Isaac Newton，1643—1727）和莱布尼兹（Gottfried Wilhelm Leibniz，1646—1716）在前人数学研究工作的基础上，发现了微分与积分之间的本质联系，创建了微积分学科。微积分的诞生具有划时代的意义，它是人类探索大自然的一项伟大成功，是人类科技史乃至文明史上的一个里程碑，也是人类思维的最伟大成就之一。

恩格斯曾说："在一切理论成就中，未必再有什么像17世纪下半叶微积分的发现那样被看作人类精神的最高胜利了。"

积分学的发展起源于对平面与空间图形求面积与体积的问题。早在公元前5世纪，古希腊数学家安提丰（Antiphon，前426—前373）就创立了"穷竭法"，他指出圆内接正多边形当边数不断增加，最后多边形就与圆相合。公元前2世纪，古希腊数学家阿基米德（Archimedes，前287—前212）对"穷竭法"做出了最巧妙的应用，他在《论抛物线求积法》中用"穷竭法"求抛物弓形的面积，构造一系列三角形，使它们的面积之和不断接近抛物弓形的面积，这就是积分理论的最初形式。在《论球和柱体》一书中，阿基米德首先得到了球和球冠的表面积、球和球缺的体积的正确公式。阿基米德的著作代表了古希腊数学的顶峰。

本文所述的"无穷小量的求和",就是"穷竭法"思想在求图形面积与体积问题上的体现。具体地讲,就是把所要求的量(面积或体积)写成无限增加多个无限减小项之和的极限(或无限增加多个无穷小量之和的极限)。用通俗的话来说,当我们无法直接求某一图形的面积(或体积)时,可以将图形划分为许多细条(或细片),对细条的面积(或细片的体积)用近似值代替,把它们加起来得到的是图形面积(或体积)的近似值。要得到图形面积(或体积)的精确值,只需要让划分越来越细,这就是求极限的过程。需要指出的是,数学家们并不是一开始就找到这个方法的,这个方法是经过了几十代人长期的努力而得到的。

一、曲边三角形区域的面积

设图 1 中的曲边三角形区域 $\{(x, y) \mid 0 \leqslant y \leqslant x^2, 0 \leqslant x \leqslant 1\}$ 的面积为 S,将 $[0, 1]$ 区间 n 等分,过各个分点作 x 轴的垂直线,将图形分成 n 条细带,则从左往右第 k 条带的面积介于 $\dfrac{(k-1)^2}{n^3}$ 与 $\dfrac{k^2}{n^3}$ 两个数之间(见图 1(a)),然后如图 1 的(b)与(c)构造两锯齿型区域,令它们的面积分别为 S'_n,S''_n,则有 $S'_n < S < S''_n$,其中

$$S'_n = \frac{1}{n^3} \sum_{k=1}^{n} (k-1)^2, \quad S''_n = \frac{1}{n^3} \sum_{k=1}^{n} k^2 \text{。}$$

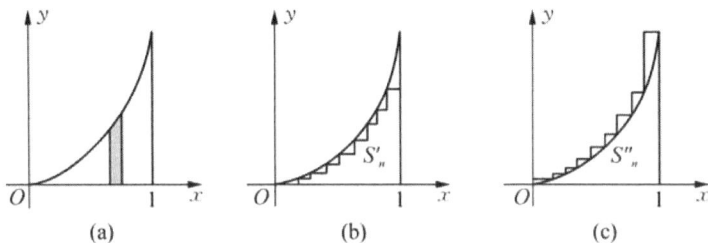

(a)　　　　　(b)　　　　　(c)

图 1

由数学归纳法,我们有

$$\sum_{k=1}^{n}(k-1)^2 = 1^2 + 2^2 + 3^2 + \cdots + (n-1)^2 = \frac{n(n-1)(2n-1)}{6}$$

与

$$\sum_{k=1}^{n} k^2 = 1^2 + 2^2 + 3^2 + \cdots + n^2 = \frac{n(n+1)(2n+1)}{6},$$

让划分越来越细,即令 $n \to \infty$, 得到

$$\lim_{n \to \infty} S'_n = \lim_{n \to \infty} \frac{n(n-1)(2n-1)}{6n^3} = \frac{1}{3}$$

与

$$\lim_{n \to \infty} S''_n = \lim_{n \to \infty} \frac{n(n+1)(2n+1)}{6n^3} = \frac{1}{3}。$$

由不等式 $S'_n < S < S''_n$,可知曲边三角形的面积为

$$S = \frac{1}{3}。$$

注

（1）利用数学归纳法,同样可以得到

$$1 + 2^3 + 3^3 + \cdots + n^3 = \frac{n^2(n+1)^2}{4},$$

由这一公式,可以得到曲边三角形区域 $\{(x, y) \mid 0 \leqslant y \leqslant x^3, 0 \leqslant x \leqslant 1\}$ 的面积为 $S = \frac{1}{4}$。

（2）从以上曲边三角形面积的计算可以知道,当 $n \to \infty$ 时,近似值 S'_n 与 S''_n 都趋于精确值 S,所以我们处理问题时都只求一个近似值的极限。

二、圆锥的体积

设图 2 中的圆锥高为 h,底面半径为 r,将高 n 等分,过各个分点

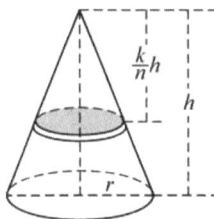

图 2

作平行于底面的平面,将圆锥分成 n 层薄片。我们近似地将每一层薄片看成圆柱体(这自然是不精确的,但当 n 很大时,误差可以忽略不计)。记 r_k 为从上往下数第 k 层圆柱体的底面半径,则 $r_k = \dfrac{kr}{n}$,所以第 k 层圆柱体的体积为 $\dfrac{\pi k^2 r^2 h}{n^3}$。

于是圆锥的近似体积为

$$V_n = \frac{\pi r^2 h}{n^3} \sum_{k=1}^{n} k^2 = \frac{\pi r^2 h n (n+1)(2n+1)}{6n^3},$$

要得到圆锥的精确体积,只要令 $n \to \infty$,于是得到

$$V = \lim_{n \to \infty} V_n = \frac{1}{3} \pi r^2 h。$$

三、旋转抛物体的体积

我们称抛物线 $y = x^2$ 绕对称轴 y 轴旋转得到的曲面 R 为旋转抛物面(见图 3)。设平面 P 垂直于 y 轴并与 y 轴交于 $y = H$,则称旋转抛物面 R 与平面 P 所围的空间区域为旋转抛物体。现求该旋转抛物体的体积。

将 y 轴上的区间 $[0, H]$ n 等分,过各个分点作垂直于 y 轴的平面,将旋转抛物体分成 n 层 薄片。我们近似地将每一层薄片看成圆

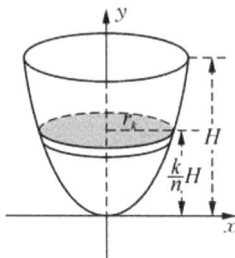

图 3

柱体。记 r_k 为从下往上数第 k 层圆柱体的底面半径,则 $r_k = \sqrt{\dfrac{kH}{n}}$,所以第 k 层圆柱体的体积为 $\dfrac{\pi k H^2}{n^2}$。于是旋转抛物体的近似体积为

$$V_n = \frac{\pi H^2}{n^2} \sum_{k=1}^{n} k = \frac{\pi H^2 n(n+1)}{2n^2},$$

要得到旋转抛物体的精确体积,只要令 $n \to \infty$,于是得到

$$V = \lim_{n \to \infty} V_n = \frac{1}{2} \pi H^2 \text{。}$$

四、楔型柱截体的体积

如图 4 所示,过一个底面半径为 R 的圆柱体的底面直径,作与底面夹角为 $0 < \alpha < \frac{\pi}{2}$ 的平面,从圆柱体截出一个楔型的物体,称为楔型柱截体。现求该楔型物体的体积。

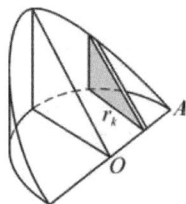

图 4

先从底面直径的中点 O,作垂直直径的平面,将楔型柱截体分成两半。由对称性,我们只需要求其中一半部分的体积。将半径 OA 作 n 等分,过各个分点作垂直于半径 OA 的平面,将物体分成 n 层。我们近似地将每一层看成底面为直角三角形的柱体。记 r_k 为从左往右数第 k 层柱体底面直角三角形的底边长,则 $r_k = \sqrt{R^2 - \left(\frac{kR}{n}\right)^2} = R\sqrt{1 - \frac{k^2}{n^2}}$,该直角三角形的高为 $h_k = R\tan\alpha \sqrt{1 - \frac{k^2}{n^2}}$,于是第 k 层柱体的体积为

$$\frac{R}{2n}\left(R\sqrt{1 - \frac{k^2}{n^2}}\right)\left(R\tan\alpha\sqrt{1 - \frac{k^2}{n^2}}\right) = \frac{R^3}{2n}\left(1 - \frac{k^2}{n^2}\right)\tan\alpha \text{。}$$

于是楔型柱截体的近似体积为

$$V_n = 2 \cdot \frac{R^3}{2n}\tan\alpha \sum_{k=1}^{n}\left(1 - \frac{k^2}{n^2}\right),$$

要得到楔型柱截体的精确体积,只要令 $n \to \infty$,于是得到

$$V = \lim_{n \to \infty} V_n = \lim_{n \to \infty} \left[\frac{R^3}{n} \tan\alpha \sum_{k=1}^{n} \left(1 - \frac{k^2}{n^2} \right) \right]$$

$$= R^3 \tan\alpha \lim_{n \to \infty} \frac{1}{n} \left(n - \frac{1}{n^2} \cdot \frac{n(n+1)(2n+1)}{6} \right) = \frac{2}{3} R^3 \tan\alpha。$$

五、半径为 **R** 的球体的体积

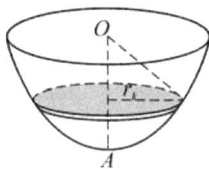

如图 5 所示,将半径为 R 的半个球体平放在桌上,求这半个球体的体积。将垂直于桌面的半径 OA 作 n 等分,过各个分点作垂直于半径 OA 的平面,将物体分成 n 层。我们近似地将每一层看成圆柱体。记 r_k 为从上往下数第 k 层圆柱体的底面半径,则

图 5

$$r_k = \sqrt{R^2 - \left(\frac{kR}{n} \right)^2} = R \sqrt{1 - \frac{k^2}{n^2}},$$

于是第 k 层圆柱体的体积为

$$\frac{\pi R}{n} \left(R \sqrt{1 - \frac{k^2}{n^2}} \right)^2 = \frac{\pi R^3}{n} \left(1 - \frac{k^2}{n^2} \right),$$

半球体的近似体积为

$$V_n = \frac{\pi R^3}{n} \sum_{k=1}^{n} \left(1 - \frac{k^2}{n^2} \right)。$$

要得到半球体的精确体积,只要令 $n \to \infty$,于是得到

$$V = \lim_{n \to \infty} V_n = \lim_{n \to \infty} \left[\frac{\pi R^3}{n} \sum_{k=1}^{n} \left(1 - \frac{k^2}{n^2} \right) \right]$$

$$= \pi R^3 \lim_{n \to \infty} \frac{1}{n} \left(n - \frac{1}{n^2} \cdot \frac{n(n+1)(2n+1)}{6} \right) = \frac{2\pi}{3} R^3,$$

由此可知球的体积为 $\frac{4}{3} \pi R^3$。

六、祖暅原理

南北朝时期的数学家**祖暅**(中国古代数学家祖冲之之子,生卒不详)发展了中国古代数学家刘徽(约225—295)的"割圆术"的思想,在求出球的体积的同时,得到了一个重要的结论(后人称之为"**祖暅原理**"):"夫叠基成立积,缘幂势既同,则积不容异。"用现在的话来讲,一个几何体("立积")是由一系列很薄的小片("基")叠成的;若两个几何体相应的小片的面积("幂势")都相同,那它们的体积("积")必然相等(见图6)。

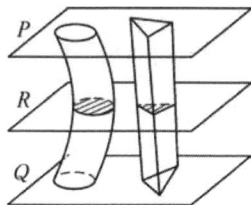

图6

进一步有:若两个几何体相应的小片的面积("幂势")之比等于常数 k,则它们的体积("积")之比也等于 k。

注:西方的著作中常把祖暅原理称为卡瓦列里原理。卡瓦列里(Francesco Bonaventura Cavalieri,1598—1647)是意大利数学家,他提出这一原理比祖暅晚了约1 100年。

利用祖暅原理可以给出求球体体积的另一解法。

如图7所示,取上半球体 $\{(x,y,z)\mid x^2+y^2+z^2\leqslant R^2, z\geqslant 0\}$ 为第一个几何体,将圆柱体 $\{(x,y,z)\mid x^2+y^2\leqslant R^2, 0\leqslant z\leqslant R\}$ 挖去倒立的圆锥 $\{(x,y,z)\mid x^2+y^2\leqslant z^2, 0\leqslant z\leqslant R\}$,视为第二个几何体。则对任意的 $0\leqslant z\leqslant R$,过点 $(0,0,z)$ 作水平面去截这两个几

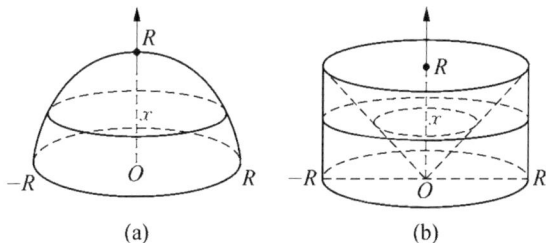

(a)　　　　(b)

图7

何体,得到的截口面积相等,都是 $\pi(R^2-z^2)$,由祖暅原理可知这两个几何体的体积相等。由于第二个几何体中的圆柱体与圆锥的体积公式我们都已知道,由此得到半球体的体积为 $\dfrac{V}{2}=\pi R^3-\dfrac{1}{3}\pi R^3=\dfrac{2}{3}\pi R^3$,因此球体体积为 $V=\dfrac{4}{3}\pi R^3$。

1. 祖暅原理在平面图形上的推广

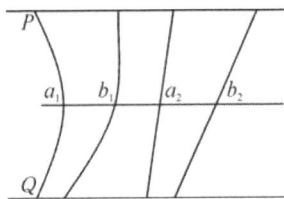
图 8

如图 8 所示,设两个平面图形夹在两条平行线 P 与 Q 之间,以任意一条平行于 P 与 Q 的直线与两图形相截,截出来的两条线段 a_1b_1 与 a_2b_2 的长度始终相等,则两图形的面积相等。

如果截出来的两条线段 a_1b_1 与 a_2b_2 的长度之比始终等于常数 k,则两图形的面积之比也等于常数 k。

2. 椭圆的面积

我们来看一类重要的曲线——椭圆(见图 9)。直观来说,椭圆就是压扁了的圆,当然必须在固定方向按固定比例压扁。如图 9 所示,将圆 $x^2+y^2=a^2$ 沿垂直方向按 $a:b(a>b)$ 的比例压扁,设(x,y) 是椭圆上一点,则按照 $a:b(a>b)$ 的压扁比例,有 $\dfrac{a}{b}=\dfrac{\sqrt{a^2-x^2}}{y}$。将此式化简,就得到 $\dfrac{x^2}{a^2}+\dfrac{y^2}{b^2}=1$,这就是椭圆的方程。

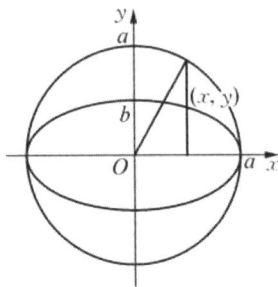
图 9

利用祖暅原理的推广,我们可以得到椭圆的面积公式:因为对于每一条垂直线,它和圆 $x^2+y^2=a^2$ 与椭圆 $\dfrac{x^2}{a^2}+\dfrac{y^2}{b^2}=1$ 的两条截线段

之比为 $a:b$,则圆 $x^2+y^2=a^2$ 的面积与椭圆 $\dfrac{x^2}{a^2}+\dfrac{y^2}{b^2}=1$ 的面积之

比也为 $a:b$。设椭圆 $\dfrac{x^2}{a^2}+\dfrac{y^2}{b^2}=1$ 的面积为 S,则 $\dfrac{\pi a^2}{S}=\dfrac{a}{b}$,从而得到

$$S=\pi ab。$$

3. 旋转椭球体的体积

如图 10 所示,我们将椭圆 $\dfrac{x^2}{a^2}+\dfrac{y^2}{b^2}=1$

绕 x 轴旋转一周,得到一个旋转椭球体。下
面利用祖暅原理来求它的体积。

我们知道将圆 $x^2+y^2=a^2$ 绕 x 轴旋

转一周,得到一个球,体积为 $\dfrac{4}{3}\pi a^3$。过点

$x(|x|<a)$ 作平面垂直于 x 轴,该平面与
球体和旋转椭球体的截口都是圆,但两个

图 10

圆的半径之比为 $a:b$,则两个圆的面积之比为 $a^2:b^2$。设旋转椭球体

的体积为 V,由祖暅原理,有 $\dfrac{4}{3}\pi a^3:V=a^2:b^2$,从而得到

$$V=\dfrac{4}{3}\pi ab^2。$$

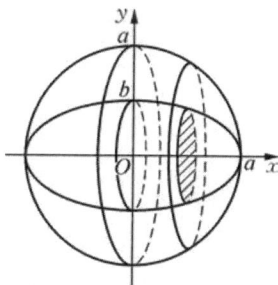

七、$y=\sin x$ 一拱的面积

要解决这一问题,我们需要下述预备知识:

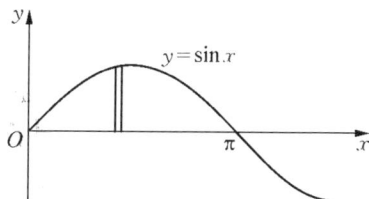

图 11

(1) $S = \sum_{k=1}^{n} \sin kx$

$$= \sin x + \sin 2x + \cdots + \sin nx = \frac{\sin \dfrac{nx}{2} \sin \dfrac{(n+1)x}{2}}{\sin \dfrac{x}{2}}\text{。}$$

证：$2S\sin \dfrac{x}{2} = \sum\limits_{k=1}^{n} 2\sin \dfrac{x}{2} \sin kx$

$$= 2\sin x \sin \dfrac{x}{2} + 2\sin 2x \sin \dfrac{x}{2} + \cdots + 2\sin nx \sin \dfrac{x}{2}$$

$$= \left(\cos \dfrac{1}{2}x - \cos \dfrac{3}{2}x\right) + \left(\cos \dfrac{3}{2}x - \cos \dfrac{5}{2}x\right) + \cdots +$$

$$\left(\cos \dfrac{2n-1}{2}x - \cos \dfrac{2n+1}{2}x\right)$$

$$= \cos \dfrac{1}{2}x - \cos \dfrac{2n+1}{2}x = 2\sin \dfrac{nx}{2} \sin \dfrac{(n+1)x}{2},$$

所以 $S = \sum\limits_{k=1}^{n} \sin kx = \sin x + \sin 2x + \cdots + \sin nx = \dfrac{\sin \dfrac{nx}{2} \sin \dfrac{(n+1)x}{2}}{\sin \dfrac{x}{2}}\text{。}$

(2) $\lim\limits_{x \to 0} \dfrac{\sin x}{x} = 1\text{。}$

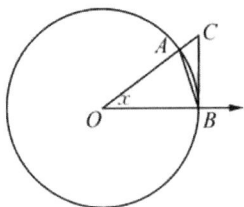

图 12

证：设 $\angle AOB$ 的弧度为 x，$0 < x < \dfrac{\pi}{2}$。
由于 $\triangle OAB$ 面积 $<$ 扇形 OAB 面积 $<$
$\triangle OBC$ 面积，可以得到

$$\sin x < x < \tan x,\ 0 < x < \dfrac{\pi}{2}\text{。}$$

从而有

$$\cos x < \dfrac{\sin x}{x} < 1,\ 0 < x < \dfrac{\pi}{2},$$

显然上式对于 $-\dfrac{\pi}{2}<x<0$ 也成立。

由于 $\lim\limits_{x\to0}\cos x=1$，$\cos x<\dfrac{\sin x}{x}<1$，可以得到

$$\lim\limits_{x\to0}\dfrac{\sin x}{x}=1。$$

如图 11 所示，将区间 $[0,\pi]$ n 等分，即取分点 $x_1=\dfrac{\pi}{n}$，$x_2=\dfrac{2\pi}{n}$，$\cdots$，$x_n=\dfrac{n\pi}{n}$。过各个分点作 x 轴的垂直线，将图形分成 n 条细带子，则从左往右第 k 条细带的面积的近似值为 $\dfrac{\pi}{n}\sin\dfrac{k\pi}{n}$。由上面的预备知识(1)，$y=\sin x$ 一拱面积的近似值为

$$S_n=\dfrac{\pi}{n}\sum_{k=1}^{n}\sin\dfrac{k\pi}{n}=\dfrac{\pi}{n}\cdot\dfrac{\sin\dfrac{(n+1)\pi}{2n}}{\sin\dfrac{\pi}{2n}},$$

再利用预备知识(2)，得到面积的精确值为

$$S=\lim_{n\to\infty}S_n=\lim_{n\to\infty}\left(\dfrac{\pi}{n}\cdot\dfrac{\sin\dfrac{(n+1)\pi}{2n}}{\sin\dfrac{\pi}{2n}}\right)$$

$$=\lim_{n\to\infty}\left(2\cdot\dfrac{\dfrac{\pi}{2n}}{\sin\dfrac{\pi}{2n}}\cdot\sin\dfrac{(n+1)\pi}{2n}\right)=2。$$

八、$y=\sin x$ 一拱绕 x 轴旋转所得旋转体体积

如图 13 所示，将区间 $[0,\pi]$ $2n$ 等分，即取分点 $x_1=\dfrac{\pi}{2n}$，$x_2=$

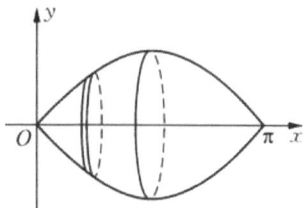

图 13

$\dfrac{2\pi}{2n}$, $\cdots$, $x_n = \dfrac{n\pi}{2n}$, $x_{n+1} = \dfrac{(n+1)\pi}{2n}$, $\cdots$,

$x_{2n} = \dfrac{2n\pi}{2n}$。过各个分点作与 x 轴垂直的平面,将图形分成 $2n$ 片薄片,则从左往右第 k 片薄片体积的近似值为 $\dfrac{\pi^2}{2n}\sin^2\dfrac{k\pi}{2n}$,

于是 $y = \sin x$ 一拱绕 x 轴旋转所得旋转体体积的近似值为 $V_n = \dfrac{\pi^2}{2n}\sum\limits_{k=1}^{2n}\sin^2\dfrac{k\pi}{2n}$。注意到 $\sin\dfrac{(n+k)\pi}{2n} = \cos\dfrac{k\pi}{2n}$, $k = 1$, 2, $\cdots$, n,于是有

$$V_n = \dfrac{\pi^2}{2n}\Big(\sum_{k=1}^{n}\sin^2\dfrac{k\pi}{2n} + \sum_{k=1}^{n}\cos^2\dfrac{k\pi}{2n}\Big)$$

$$= \dfrac{\pi^2}{2n}\sum_{k=1}^{n}\Big(\sin^2\dfrac{k\pi}{2n} + \cos^2\dfrac{k\pi}{2n}\Big) = \dfrac{\pi^2}{2},$$

所以 $y = \sin x$ 一拱绕 x 轴旋转所得旋转体体积的精确值为

$$V = \lim_{n\to\infty}V_n = \dfrac{\pi^2}{2}。$$

九、两个相互垂直圆柱体公共部分的体积

最后我们来解一个难一些的问题。如图 14 所示,有两个具有相

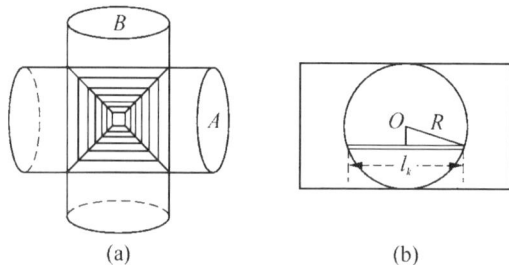

(a)   (b)

图 14

同底面半径 R 的圆柱体(分别记为 A 与 B),设它们的(中心)轴相交,且交角为直角,求这两个圆柱体公共部分的体积。

问题的难处在于所研究的物体形状比较复杂,不容易清楚地表示出来。但这没有关系,我们采用如下的方法:作一张平面经过两圆柱体相交的轴,称这张平面为轴平面,它把物体分成前后相等的两半。我们只需要求前一半的体积。

任意作一张平面平行于轴平面,要求与轴平面的距离小于 R,则它与圆柱体 A 的截口是一条横的平行带,与圆柱体 B 的截口是一条垂直的平行带,两条带的公共部分是一个正方形,由此可知该平面与物体的截口是一个正方形,而且当该平面与轴平面的距离增加时,两条带的宽度就减小,从而正方形的边长也减小(见图 14(a))。知道了这一点,问题就不难解了。过两轴交点作轴平面的垂直线,则其包含在前一半物体内的部分长为 R。将该线段 n 等分,过各个分点作平行于轴平面的平面,将物体分成 n 层。图 14(b) 所示就是从顶上看下来所讨论的物体的形状。我们近似地将每一层看成底面为正方形的柱体(这自然是不精确的,但当 n 很大时,误差可以忽略不计)。记 l_k 为从后往前数第 k 层柱体的底面正方形的边长,则 $l_k = 2\sqrt{R^2 - \left(\dfrac{kR}{n}\right)^2} = 2R\sqrt{1 - \dfrac{k^2}{n^2}}$,于是第 k 层柱体的体积为

$$\frac{R}{n}\left(2R\sqrt{1-\frac{k^2}{n^2}}\,\right)^2 = \frac{4R^3}{n}\left(1-\frac{k^2}{n^2}\right),$$

因此前一半物体的近似体积为

$$V_n = \frac{4R^3}{n}\sum_{k=1}^{n}\left(1-\frac{k^2}{n^2}\right)。$$

要得到前一半物体的精确体积,只要令 $n \to \infty$,于是得到

$$V = \lim_{n \to \infty} V_n = \lim_{n \to \infty} \left[\frac{4R^3}{n} \sum_{k=1}^{n} \left(1 - \frac{k^2}{n^2} \right) \right]$$

$$= 4R^3 \lim_{n \to \infty} \frac{1}{n} \left(n - \frac{1}{n^2} \cdot \frac{n(n+1)(2n+1)}{6} \right) = \frac{8}{3} R^3 \text{。}$$

所以整个物体的体积是 $\frac{16}{3} R^3$。

复旦大学数学科学学院　陈纪修

0.1 和 0.10 一样吗?

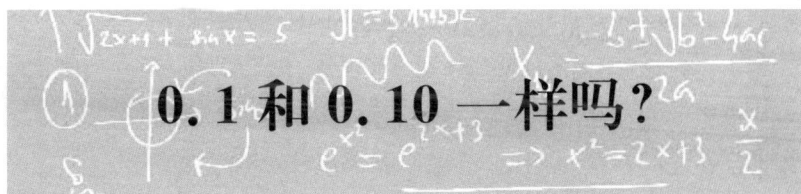

当我们在中小学里学习实数的十进位表示时,一般认为数 0.1 和 0.10 表示同一个数,特别是在区分无理数和有理数时,以下结论众所周知:无理数为无限不循环小数,有理数为有限小数或无限循环小数。有限小数还可以看作后面有无穷多个零,例如,0.1 可以看成是 0.100 0…,所以有限小数也为无限循环小数,因此我们可以说:有理数即为无限循环小数。但是,就是这些跟在后面看似"无用"的零,却在数的表示中起着重要的作用,其中的道理我们还得从误差谈起。

一、误差及其类型

我们通过观察、测量和计算等所得到的结果(数)与客观存在的真值往往会有一定的差异,这种差异称为误差。误差一般有以下 4 种类型。

1. 模型误差

当我们用数学知识来解决实际问题时,往往要把这个实际问题转化为数学问题,这种转化也就是通常所说的建立数学模型。对许多诸如工程问题、经济问题甚至社会问题等,建立起来的模型总是近似的,因为在建立数学模型的过程中,为了使问题简单化,一般都是抓住主要矛盾而抛开次要矛盾,从而避免不了忽略一些次要因素,于是就会和实际问题产生一定的差异,这种因建立数学模型而产生的差异称为模型误差。

模型误差往往是所有误差中最大的,而且它是实际问题本身和数学问题之间存在的差异,不能依靠数值计算方法来得到减少。因此模型误差的精度显得极其重要。

2. 观测误差

在数学模型中,会有一些参数或者物理量,例如,物体比重、阻力系数、热量交换系数、温度、压力、电流和速度,等等,这些量常常是通过观察和测量得到的。由于仪器的精密度的限制、实验手段的局限、周围环境的变化以及人的能力的影响等,都会使观察和测量得到的数值与客观存在的真值之间产生一定的误差,这种误差称为观测误差。

3. 截断误差

从实际问题中抽象所得到的数学模型往往十分复杂,在数学上无法获得精确解,因此必须建立行之有效的近似求解方法,即数值方法,从而在模型的精确解和用数值方法得到的近似解之间存在一定的误差,我们称这样产生的误差为截断误差。例如,在数学分析中有以下自然对数底 e 的公式:

$$e = 1 + 1 + \frac{1}{2!} + \frac{1}{3!} + \cdots + \frac{1}{n!} + \cdots,$$

等式右边有无穷多项相加,如果我们截取前面有限项来作为 e 的近似值,那么后面丢弃的部分就是截断误差的值。这也是这种误差叫做截断误差的原因。

4. 舍入误差

由于在实际计算中,即使使用计算机,计算机的字长也总是有限的,因此,我们都要按有限位数进行计算,超出字长的数据都要作取舍,运算舍入所引起的误差称为舍入误差。事实上,在数值求解的计算过程中，每一步都可能会有舍入误差产生。另外，在计算中我们常常要选定一些量的初始数据，初始数据位数的选取也会使初始数据存在误差，称为始值误差。始值误差和舍入误差统称为计算误差。计算误差是最难把握控制的误差，因为在每一次计算中都可能会产生这种误差，且这种误差有可能会累积起来。当计算次数很大时，会使计算结果产生很大的误差，远远偏离精确值，甚至使计算"溢出"，无法得到结果。

二、绝对误差与相对误差

假设 x 为某计算对象的精确值，x^* 为其近似值，则称

$$E(x) = x - x^*$$

为近似值 x^* 关于 x 的绝对误差，简称误差。

误差可正可负：误差为正，说明近似值偏小；误差为负，表明近似值偏大。如果通过分析能够得到 $|E(x)| = |x - x^*| \leqslant \delta$，则称 δ 为近似值 x^* 的误差限或误差界。此时可知精确值 x 的取值范围为

$$x^* - \delta \leqslant x \leqslant x^* + \delta。$$

绝对误差是有量纲的单位，它只能用于对一个具体测量的量值近似程度的比较。绝对误差往往不能真正反映准确度的高低。例如，甲、乙两人分别打字输入一篇文章，甲的文章一共 1 000 个字，他打错了 10 个字；乙的文章一共 2 000 个字，他打错了 15 个字，其绝对误差显然乙比甲大，但我们容易看出乙的准确率其实比甲要高。因此，衡量一个近似值的精度，我们更多是用另外一种方式，叫相对误差，它是绝对误差与精确值或近似值（因精确值常常是未知的，所以也用近似值）的比值，记作

$$E^*(x) = \frac{x - x^*}{x} \text{ 或 } E^*(x) = \frac{x - x^*}{x^*}。$$

易知上述甲、乙两人的相对误差分别为 1% 和 0.75%,乙的准确率更高。

相对误差也是可正可负的,且没有量纲单位。

无论是绝对误差,还是相对误差,用来表示一个数的近似程度时,都需要通过计算或加以说明,我们希望从得到的近似值就能判断出误差的大小,这就是下面要介绍的有效数字这个概念。

三、有效数字

在日常的计算和应用中,当某数具有太多位数时,特别是小数点后面具有很多位时,我们常常按四舍五入的原则截取,作为此数的近似值。例如,

$$\pi = 3.141\,592\,653\,589\cdots,$$

按四舍五入原则,取小数点后面五位得到 π 的近似值为 $3.141\,59$,取小数点后面六位得 π 的近似值为 $3.141\,593$,等等。这样,它们的绝对误差不超过末位数的半个单位,即有

$$\mid \pi - 3.141\,59 \mid = 0.000\,002\,653\,589\cdots \leqslant \frac{1}{2} \times 10^{-5},$$

$$\mid \pi - 3.141\,593 \mid = 0.000\,000\,346\,410\cdots \leqslant \frac{1}{2} \times 10^{-6}。$$

一般,四舍五入的原则即为当取近似数的位数确定以后,最后一位后面的数小于 5 就舍去,大于等于 5 就在近似数的最后一位加上 1。也有执行以下原则的:小于 5 舍去,大于 5 进位(入),但当最后一位后面的数等于 5 时,若前面是奇数,则将 5 进 1;若前面是偶数,则将 5 舍去。例如,π 取小数后面 3 位时,近似值为 3.142,取小数后面 7 位时,近似值为 $3.141\,592\,6$。实践证明,当进行大量的运算时,按这样的原则舍入,总的运算误差积累较小。可以看出,按以上的原则进行舍入,得到的近似值与原值的绝对误差不超过末位数的半个

单位。

如果我们将近似数 x^* 表示成

$$x^* = \pm 0. a_1 a_2 a_3 \cdots a_n \times 10^m$$
$$= \pm (a_1 \times 10^{-1} + a_2 \times 10^{-2} + \cdots + a_n \times 10^{-n}) \times 10^m,$$

其绝对误差满足 $|x - x^*| \leqslant \dfrac{1}{2} \times 10^{m-n}$，则称近似数 x^* 具有 n 位有效数字。以上 m 为整数，n 为正整数，$a_i (i = 1, 2, 3, \cdots, n)$ 为 0 至 9 中的一个数字，且 $a_1 \neq 0$。

从上述可以知道，π 的近似值

$$3. 142 = (3 \times 10^{-1} + 1 \times 10^{-2} + 4 \times 10^{-3} + 2 \times 10^{-4}) \times 10$$

具有 4 位有效数字，同理可知 π 的近似值 3.141 592 6 具有 8 位有效数字。

又例如，用圆周率的疏率 $\dfrac{22}{7}$ 来近似 π，又有多少位有效数字呢? 误差界如何? 因为

$$\frac{22}{7} = 3. 142 85 \cdots = (3 \times 10^{-1} + 1 \times 10^{-2} + 4 \times 10^{-3} + \cdots) \times 10,$$

且 $\left| \pi - \dfrac{22}{7} \right| = 0. 001 26 \cdots = 0. 126 \times 10^{-2} \leqslant \dfrac{1}{2} \times 10^{1-3}$，因此可知用 $\dfrac{22}{7}$ 来近似 π 有 3 位有效数字，绝对误差界为 $0. 5 \times 10^{-2}$，相对误差界为 $0. 5 \times 10^{-2}/3.14$，即 $0. 16 \times 10^{-2}$。

事实上，按四舍五入规则来截位或进位所得到的近似值，其每一位数字都是有效可靠的，而且可以看出，有效数字的位数多少与小数点的位置无关。近似数 0.003 25 具有三位有效数字，0.325 的有效数字也是三位，但 0.003 250 却具有四位有效数字。因此，如果近似数是按四舍五入原则取得的，那么有效数字位数即为从左边第一位

非零数字数起总共有几位数,就有几位有效数字,从而也就可得其绝对误差限。我们现在可以清楚地知道,如果 0.1 和 0.10 都是由四舍五入原则得到的近似数,那么它们的有效数字是不同的,分别为一位和两位,从而其绝对误差限也不相同,近似数 0.10 的误差限为 0.005,而 0.1 的误差限只能得到 0.05,两者的精确度是不同的。

我们知道了一个近似数的有效数字位数,就可以知道它的绝对误差限和相对误差限,也就得到了它的精确度。反之,如果我们知道了近似数的相对误差限,也可以确定近似数至少有多少位有效数字了。我们有下面的结果:

(1) 如果 x 的近似值 x^* 有 n 位有效数字,则其相对误差限为

$$| E^*(x) | = \left| \frac{x - x^*}{x^*} \right| \leqslant \frac{1}{2a_1} \times 10^{1-n},$$

其中 a_1 如前面所述,为 x^* 的最高位数字,即为 x^* 的第一位有效数字。

所以,若 x 的近似值 x^* 具有 n 位有效数字,则其相对误差限必有

$$| E^*(x) | \leqslant \frac{1}{2} \times 10^{1-n}。$$

(2) 如果 x 的近似值 x^* 的相对误差满足

$$| E^*(x) | = \left| \frac{x - x^*}{x^*} \right| \leqslant \frac{1}{2(a_1 + 1)} \times 10^{1-n},$$

则 x^* 至少有 n 位有效数字。

以上两个结论的证明留给读者。

下面我们举两个例子,计算并同时理解有效数字和相对误差等的意义及它们的相互关系。

例 1:求 $\sqrt{23}$ 的近似值,要求相对误差小于 0.1%,问要取多少位

有效数字？

解：因为 $\sqrt{23} = 4.795\,83\cdots$，相对误差

$$| E^*(x) | \leqslant \frac{1}{2a_1} \times 10^{1-n},$$

这里 $a_1 = 4$，所以令 $\frac{1}{8} \times 10^{1-n} \leqslant 0.1\%$，计算得到：只要取 $n = 4$ 即可，因此满足题中要求的 $\sqrt{23}$ 的近似值为 4.796。

例 2：在近似计算中，我们常常用公式

$$\text{取 } x_0 > 0, \; x_{k+1} = \frac{1}{2}\left(x_k + \frac{a}{x_k}\right), \; k = 0,\,1,\,2,\,3,\,\cdots$$

来计算 $\sqrt{a}$ 的近似值，并且可以证明（读者不妨一试）：这样产生的序列 $\{x_k\}$ 随着 k 的不断增大越来越接近 $\sqrt{a}$，且可以无限接近 $\sqrt{a}$。现利用此公式计算 $\sqrt{7}$ 的近似值，已知 x_k 是 $\sqrt{7}$ 具有 n 位有效数字的近似值，试证明 x_{k+1} 是 $\sqrt{7}$ 的至少具有 $2n$ 位有效数字的近似值。

证：由计算公式可得

$$x_{k+1} - \sqrt{7} = \frac{1}{2}\left(x_k + \frac{7}{x_k}\right) - \sqrt{7} = \frac{1}{2x_k}(x_k^2 + 7 - 2\sqrt{7}\,x_k)$$

$$= \frac{1}{2x_k}(x_k - \sqrt{7})^2,$$

又易知 $\sqrt{7} = 2.64\cdots$，且 x_k 是 $\sqrt{7}$ 具有 n 位有效数字的近似值，所以有

$$| x_k - \sqrt{7} | \leqslant \frac{1}{2} \times 10^{1-n}。$$

又因为

$$x_{k+1} = \frac{1}{2}\left(x_k + \frac{7}{x_k}\right) \geqslant \frac{1}{2}\left(2 \cdot \sqrt{x_k} \cdot \sqrt{\frac{7}{x_k}}\right) = \sqrt{7},$$

$$k = 0, 1, 2, 3, \cdots,$$

于是有

$$| \, x_{k+1} - \sqrt{7} \, | \leqslant \frac{1}{2\sqrt{7}} (x_k - \sqrt{7})^2 \leqslant \frac{1}{2\sqrt{7}} \times \frac{1}{4} \times 10^{2-2n} \leqslant \frac{1}{2} \times 10^{1-2n},$$

即 x_{k+1} 是 $\sqrt{7}$ 的至少具有 $2n$ 位有效数字的近似值。

在现代科学研究和应用中,近似计算可谓无处不在。但近似计算必须进行误差分析,在计算中要牢牢控制误差,使得到的近似值达到精确度的要求,这样的结果才是可靠的,近似计算也才可能发挥其巨大的作用。

浙江大学数学科学学院　卢兴江

在太空中用肉眼是否可以看见长城？

　　曾见某报报道："中科院实验确认太空中肉眼看不到长城。"报道没有描述实验的具体方法。科学院的结论自然是科学的，而科学的一个重要功能就是用来被质疑。正是对经典牛顿力学的质疑才产生了相对论。本文想运用科学的思想对这样的实验进行讨论。首先要弄清几个概念：肉眼还是裸眼，戴上眼镜看东西也是肉眼，而我们检查视力讲裸眼视力，就是不允许戴眼镜。可是在太空中因为宇宙射线的原因，宇航员不可能用肉眼观察。这也是宇航员很少有人声称自己裸眼看到长城的一个根本原因。宇航员在太空观测外界都是通过某种仪器。第二个概念是看到与看清，大家都知道两个小孩问孔子"早上太阳近还是中午太阳近"的故事。早上的太阳与中午的太阳事实上离开我们的距离几乎一样，可是早上我们可以目视太阳（对比度较弱），而中午则不行，原因是光线穿过大气层的厚度不同。所以要在太空中做裸眼看长城的实验，这些外部条件非常重要。

　　科学实验经常在理想状态下进行，即假设在没有云层遮挡、光线的强度和对比度都合适的情况下。用数学的思想，这样的实验在家里就可以进行。

　　据报道，实验以10米作为长城的宽度，100千米也就是100 000米作为太空高度进行的。人眼分辨物体的关键是视角比，也就是说人眼看 10 米远的一个 90 厘米身高的小孩与看 20 米远的一个 180 厘米身高的大人是一样高的。根据上面的数据,太空中肉眼看长城的视角比为 1：10 000。以这个视角比,相当于在 1 米的距离看一根头发丝(我的头发直径为 0.1 毫米),将头发放在白墙上,我可以在 5 米远的地方看清我的头发。即使将头发放到写字台、草地上,在 2 米远也还是可以看清的。网上查询长城平均宽度为 6.5 米,而女性头发直径平均为 0.065 毫米,与上述的视角比相同。

有些文章及教科书指出,人眼分辨物体的最大视角比是 1：3 600,也就是在上述太空看长城的距离的近 1/3 处肯定可以看清长城的烽火台。获得这个数据通常的实验方法是看一枚硬币。你可以在大约 36 米远的地方看清一个人手上是否捏着一枚一角(直径 10 毫米)硬币,当然你将头发只剪下 0.1 毫米的小段,可能也需要靠近到 30 厘米近的地方才能看清它。所以回答在太空中是否可以看见并看清长城,用头发做的实验要比用硬币做的实验正确,因为长度帮助我们更容易看见、看清。这个视角比大约可以定为 1：20 000。

那么,是否可以做一个实物实验呢？也就是跑到 100 千米以外的地方去看真实的长城,这样肯定能得到更加正确的结果。

我们知道地球是一个半径约为 6 000 千米的球,也就是人们只能看见视线与地球球面相切的点连成的地平线之上的东西。人们可以看见多远的东西呢？利用勾股定理,一个眼睛有 2 米高的人只可以看见 5 千米以内的东西,再远就被地球本身的弯曲挡住了。王之涣有"欲穷千里目,更上一层楼",假如楼层高 5 米,那么眼睛高度在 7 米,这时也只能看见 10 千米以内的东西。"欲穷千里目",也就是要看见千里以外的东西,那么你就要登上 20 000 层、层高为 5 米的楼,世界上还没有这么高的楼。即使在 100 千米的人造卫星上,也只能看到方圆 100 千米左右的地方。去黄山旅游时导游说："天气晴朗时可以看到庐山。"听到这话我很高兴,虽然没有去过庐山,今天天气不作美,也没有看见庐山,但我是到了可以看到庐山的地方了,好像有一种已经到过庐山的感觉。黄山最高峰为 1 864 米,庐山最高峰为 1 474 米,均没有达到 2 000 米,按高度 2 000 米算,最远可以在 150 千米之内互相看见,而黄山、庐山相距超过 300 千米,最高点的连线要穿过地球,所以这只是导游的噱头。孔子有"登东山而小鲁,登泰山而小天下",泰山高度为 1 545 米,在孔子的眼里,"天下"也就方圆百里,我不知道东山有多高,想来鲁国就更小了。所以要在地面上做 100 千米外是否可以看见八达岭长城的实验,那么应该在八达岭 100 千米左右的地方找一座高于八达岭 2 000 米甚至更高的高山。而这时长城还几乎与地平线重合,所以更加难以分辨。由于参照物的关系,在地面上做实物实验可能需要在 100 千米左右的地方找一座超过八达岭至少 4 000 米的高山。我在地图上查了一下,没能找到这样的高山。

还有一种实验可以反过来做,我们可以在地面上看卫星。1970 年我国发射了第一颗人造卫星——"东方红 1 号",其运行轨道为近地点 441 千米、远地点 2 368 千米(注意,按上面的视角比,这么远的地方用肉眼还真看不见长城);卫星重 173 千克。我没有查到卫星的大小,想来它不可能比长城的烽火台大多少,否则这么一个铁皮箱子就不止这个重量。而该卫星发射的一个重要指标就是可以让全国人民看到,那时,我在上海石库门房子三楼屋顶的晒台上与邻居们一起看过多次。

有一篇报道,以美国华裔宇航员焦立中在太空拍摄长城使用了仪器作为肉眼看不见长城的佐证,我不敢苟同。宇航员在太空舱内观察外界都是通过某种仪器。通俗地讲,仪器

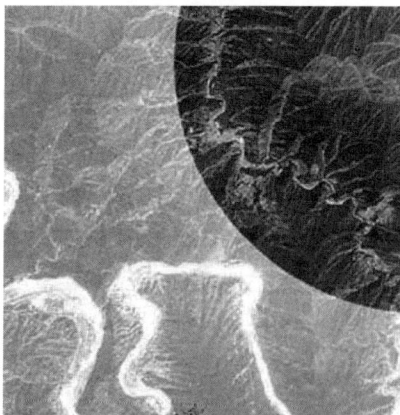

图 1

就好像是照相机的镜头。如果不用变焦镜头，那么照片上显示的内容与肉眼或裸眼看到的应该是相同的。如果用望远镜头，就可以看清肉眼看不清的景象。大家可以进入 Google Earth 网站，很容易看到卫星用遥感技术拍摄的长城甚至天安门广场上的汽车，说不定还可以看到你家的阳台，而在 100 千米的高空要拍摄地球的全貌（地球直径约为 12 000 千米），则必须使用广角镜头，这时因为像素的关系，影像细节反而比肉眼看到的更不容易分辨。

那么，利用仪器是否更加容易看到长城呢？以头发丝模拟长城，按比例这时地球差不多是一个足球场大小的球。要在足球场上找一根头发丝，并且地面烟雾灰霾弥漫，那可不是一件容易的事。同时，人造卫星的飞行速度为 9 千米/秒，大于第一宇宙速度，绕地球一圈所花的时间与普通人步行绕足球场一圈差不多（又是等比缩小）。如果利用仪器在太空中拍摄长城，那么结果与仪器的精度有关。假设人站在 100 千米的高空，拍照片的视角是 90°，这时只可以看见地面上半径为 100 千米的圆，只是地球的 3 600 分之一。如果照片的像素是 4 亿像素的，那么长城也就是一条 1 个像素宽度的线。4 亿像素的数码相机市场上还不常见，可是以这样的视角要分辨长城已经到了底限。如果你想用常见的 800 万像素的相机拍摄长城，那么就要将相机的取景框（利用望远镜头）取为地面上小于 20 千米见方的范围；或者可以比拟成你手上拿一张报纸，作看报纸状，中间挖一个一本书大小的孔，然后举着报纸在足球场上一边走一边在这个孔中搜寻掉在地上的头发。如果要看清头发，一个像素的分辨率显然太低。图 1 所示差不多是 600×600 像素的图片，这时图片大小约为 6 千米，比较在足球场上找头发，你手上那张报纸的孔（取景框）只能允许为扑克牌大小，而图像留在取景框中的时间还不到 1 秒，因为你是边走边看。从而在太空中手拿相机拍摄一张如图 1 所示的相片，相当于手拿一张中间挖去一个扑克牌大小的孔的报纸，边走边搜寻球场上的一根头发，并将它拍摄下来。这将非常困难。事实上，图 1 是录像回放后再找出的截图，也就是说，按照严格的行进路线跑遍足球场，并至少每秒拍摄 5 张地面上扑克牌大小的相片，之后再在相片堆里寻找。

本文的目的是讨论如何理性地设计在太空中裸眼看长城的实验以及实验中可能碰到的问题。至于到底是否可以看清长城，我认为从地面上看卫星的实验最为贴切，从而也回答了问题。

复旦大学数学科学学院　吴宗敏

一点一世界

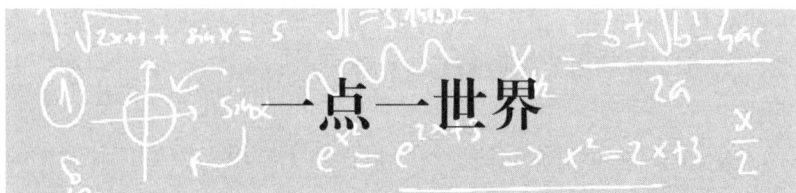

数学特别是欧几里得数学的一个基本定义是"数学是一门关于数和形的精确的学问"。我们就从基本的数和形开始进行讨论。

一、数学的点

数学是从眼睛看得见的世界入手的,就是形状或者叫几何。首先看见了什么,才能回答这是什么。当然由其他感官获得的信息也可以回答,譬如我们现在也可以用声呐、雷达来感知形状。

最基本的是点,首先应该是点的位置,数学是用数来描述的。

二、数

数是什么? 道德经说:"无名,天地之始;有名,万物之母。"数只是某种概念的名,你可以把它叫做"一二三四",也可以把它叫做"one,two,three,four",关键是它们之间的关系。

"道生一,一生万物"。可见所有的数中首先有的是一,然后是自然数。当然一是相对于零而产生的。而零的发现对于数学是革命性的。开始时还没有把它命名为零,而只是称为有和无。有是一,无是零。还有多少区别,那么有多少是一呢? 一只苹果是一,一筐苹果也是一,一车苹果还是一。"芥子须弥皆为一"。也就是说,数是没有单位量纲的。读者可能马上会问，那么你说什么是一呢？你说为什么把它叫做一呢？我说，你首先要问自己，这样的问题在小学一年级时，你可以不问，到了中学，你说该不该问一问这个问题呢？问一下老师，可能老师也不能很好地回答，或者似是而非地讲得不一定清楚，但更加重要的是要问自己。

一只是一个抽象的概念。与实际的应用问题联系起来一定还要带上量纲。量纲还与尺度有关。一小于三，但是一米大于三厘米，而一米与三千克一般没有什么关系。做一个水下机器人打扫游泳池，现在很容易做到。但要造一个水下机器人搜寻海底的坠机，并不像做数学——只要乘一个常数或者改变量纲就可以实现的。

有了一以后，首先要定义加法，一加一记为二，二加一记为三，如此等等，一个数 B 排在另一个数 A 的后面是因为 $B = A+1$，还是那个一在起作用。$A+1$ 可以看成是算式，也可以看成是 A 的后继者。排在 A 后面的那个（当我们还不知道它的本名时），它同时也叫做 B。这样我们得到了自然数，更加精确地说，数是由加法关系一个一个地产生的。我们熟悉的是十进位自然数。这里隐含着一个深刻的科学思想，就是一个大数字的大问题，我们总可以分成一些小问题，十个一我们给它取名叫十，十个十叫做百，如此等等。我们也可以不用十作为分组的基本单位，譬如，罗马数字先以十分组，称为 X，又把它分成两组，称为 V。而计算机就采用二作为基本的分组单位，可以用电子的正负、颜色的黑白、光盘唱片的高低、磁极的方向来刻画或者记录数字。我们用的各种数字设备一般都是用这样的手段来记录数字的。你说我们还可以用什么更好的办法来记录数字呢？你想过没有：我们的 U 盘是用什么手段记录数字的？

将数与几何中的点联系起来是数学的基本手段，也是数学原本用科学手段描写点的初衷。

如果我们把所有读到的数反过来记，譬如，12 345 记成 0. 543 21。那么，任何的自然数可以记成一个小数，它与 (0，1) 区间上的一个有理数点对应起来（我们还没有引进点）。所以如果有能力在(0，1)线段画上一个对应于这个数的点，那么你就可以将这个数记录下来。你看，世界上任何数字存储设备中的内容只是一个有限位的小数，可以与(0，1)区间上的一个有理数点对应。想一想，你还有什么办法吗？

如果是有限位小数，我们可以在后面用零补成无限位的，如果有两个这样的小数，我们可以交叉地记成一个小数，如 0.135 79 和 0.246 8 可以记成 0.123 456 789。如此这般，可以这么说，任何多的整数我们都可以记成一个小数，对应于(0，1)线段上的一个点，从而记录下来。反过来，如果你能够定位这个点，可以把它读出来，并且分离成用上面的办法合成前的许许多多的数，甚至是世界上所有的整数。世界上所有计算机里的内容都只是许许多多的整数。但它包含了世界上所有的电子图书馆、视频录像、文本软件。你看，你只要有能力找到(0，1)区间上的任何一个有理数，那么你就记下世界上所有的知识。如果你喜欢灌输性地记忆知识，那么你还不如学一下怎么找到这个有理数点的位置。

自然数是对对象的抽象描述，加法则是对象之间的关系，数学从此就产生了。任何科学都是要描述一些对象以及对象之间的关系，这些关系则会演绎出更加崭新的世界。自然数关于加法是封闭的，两个自然数加起来还是自然数。有了加法，就会有加法的逆运算——减法。但是有了减法，就会产生新的数——负数与零。负数还比较好理解，还是可以添加量纲，比如欠了几个苹果。零对人类来说，是比正整数与负数更难理解的概念，量纲都没法附在后面。一是从一个苹果之类抽象出来的，而零则是从自然数、负数这些抽象的概念中产生的更加抽象的概念。

三、数数

数的基本问题是数数，这好像又是一个我们还没有完全记事时就已经学会了的。你想过没有究竟什么叫数数吗？实际上，我们是在将要数的实体(如苹果)与自然数集合做一一对应，而且是按序的对应。一个基本的实例是报数：要数一列队伍的人数，简单的办法就是让他们报数。队列太长怎么办？还是刚才的科学问题的基本处理方法：分成几行，把每行队尾报得的数相加。如果人更多呢？譬如，我们要统计全国的人口；再譬如，如何数一滴血中红细胞的个数，如何数空气中灰霾的量……我们小时候经常干的就是数天上的星星，天上的星星数不清。与小朋友争的就是你能否数清头上有多少根头发？我们已经学会了如何数数吗？你还可以举出什么例子，是一个我们还不容易或者还不会数数的例子？问题的实质还是按序的对应，或者说排序。

稍微复杂一点的排序问题是按高矮排队，排队或者排序是数学最为基本的问题。幼儿园里老师通常让孩子们一个一个地排好，这时就至少有两种办法(或者叫做算法)：一种是找出最矮的，然后找次矮的，如此这般，一个一个地排好，这叫串行算法；还有一种是先排一个大概，然后做调整。这时调整工作可以由几个老师一起做，这叫并行算法。到了小学，如果一个年级要排队，那么可以在各班排队的基础上，让各班按纵列一起走来，年级组长只要看各列的第一个，谁矮就让谁先走，这是另一种并行算法，各班的先行排队是可以同时一起做的。那么，一个中学的全体学生要排队呢？校长可能会说，"你们自己排吧"。因为中学生已经知道排队的规则，只要先估计一个自己大概可能在的位子，然后自觉地进行前后交换，这正是现在热门的云计算算法。每个学生都在参与计算，而且你不能控制别人的行为。如果有人不能分辨自己应该所在的位置而做出错误的行动，校长可能都看不到，但会被他附近的人骂傻瓜，从而集体行为会逼迫他站在应该站的准确位置上。

四、点

上面说的是数，发展以后叫做代数；另一方面是形，发展以后叫几何。数最基本的是一,形最基本的是点。前面已经说过,一个实数对应于直线上的一个点。数学上的点只有位置,没有大小。你能画出一个没有大小的点吗? 所以数学的点又是一个抽象的概念,应用中你在纸上画了一个点,它们有着完全不同的内涵。

在一条直线上任意取一点,我们定义它为零。然后再任意取一点定义它为一,那么任何实数与这条直线上的一个点建立了对应。想一想是怎么对应起来的,好像很简单,好像又不是那么简单。这个对应过程的发展用了上千年,就是自然数、整数、分数、有理数及实数的产生过程,要到大学高年级才能全部完成。实数有加法,上面就已经提到过自然数关于加法是封闭的。当然整数、有理数及实数关于加法也是封闭的,这样我们得到了一元的欧几里得空间——直线。回过来还要问一个傻问题:你能画出一条直线吗? 你能画出一条数学上的直线吗? 光线是直线吗? 显然这也不是一个简单的傻问题,而是一个非常高深的问题,我们将在书中别的文章再来展开。

五、点与点的关系

按刚才的思想,直线上有 A 与 B 两个点,它们同时也是两个数,那么,什么是 $A+B$?两个点可以加吗?为什么在 2 的位置上的点,加上在 3 的位置上的点是 5 的位置上的点呢?显然两个点加起来没有意义,或者说没有实际的物理意义或几何意义。将数与直线上的点对应起来称为点空间,点空间是没有加法的。直线上的点在定义了点 0 与点 1 以后,还有另外的一个意义,就是到点 0 的距离。这个距离是有向的距离,是有方向性的。这时记法上没有什么差别,但这个空间已经上升为更加抽象的层次,称为向量空间。很多学生学了欧几里得空间与笛卡尔坐标系后就经常把它们混同起来。欧几里得是点空间,它把数与点联系了起来;而笛卡尔又把数的关系运算引入欧几里得空间。加法是定义在向量空间上的,而不是定义在点空间上的。点 2 到点 0 的距离加上点 3 到点 0 的距离,等于点 5 到点 0 的距离。一定要引进 0

这个点以后才能进行。你看，加法好像也不是那么简单，而数学上跨出这一步又用了上千年的时间。准确的说法是可以在欧几里得空间上定义笛卡尔坐标系。你如果是个爱动脑筋的人，可能你还会问一些为什么。如果作为上海人，粗略地将苏州作为2，将无锡作为3，将南京作为5，那么，2＋3＝5的意思可能是上海到苏州的距离加上上海到无锡的距离差不多是上海到南京的距离。但是对于南京人呢，对于苏州人、无锡人呢？南京人会说南京到无锡的距离加上南京到苏州的距离差不多是南京到上海的距离。一样的2＋3＝5，具体解释就不一样了。数学是一门精确的科学，但还是从人们的经验中提炼出来的，应用中不可避免地带着以我为主的概念，经常以我为原点。

六、点与数的对应

刚才已经说了实数与直线上的点的对应要到大学才能完成。这里我们先给出表达式：$p(t) = (1-t)p(0) + tp(1)$，这是说数t对应的点的位置，是数0及1对应位置的加权平均，权分别为$(1-t)$和t。这个公式一开始只限于整数，但事实上对于有理数、无理数也都对，甚至对于在三维空间上的两个点也对。

我们来实现其中的第一部分，找到两进制小数对应的点。先来找中点，取$t = 1/2$。上面给出了数0与数1的中点应该是$1/2$，而A与B的中点可以把A对应于0，B对应于1，它们的中点是$(A+B)/2$。你看任何点可以对应于0，另一个任何点可以对应于1，不管它们之间的距离是多少。坐标是可以任意取的，通常是以我为主的点作为原点，然后另取一点画直线，得到第一坐标轴，再取过原点与第一坐标轴垂直的直线作为第二坐标轴，如此等等。

学会了找中点以后，我们可以把两分的区间对分、再对分，等等。这样我们好像已经可以找到任何的两进制数了，计算机就是这么在工作的。这形成老是分两叉的树，计算机最基本的单元就是门电路，只要在分岔口告诉你走左边还是走右边。

七、物理上的点——质点的数学表示

数学的点是没有大小、没有质量的，而物理上的点一定需要有质量。有质量的点或者说质点，人们可以把它记成四维空间的点 (x, y, z, m)。前 3 个分量表示位置，后一个表示质量。这好像很简单，名分是给了，但关系却理不清，明显是第四者插足。首先要问：它们可以加吗？两个质点加了以后是什么？向量还有一个数乘的概念，原来几何上的数乘有空间放大缩小的意义。现在关于质点呢？这个质点的数乘是什么？或者说质点的加法、质点的数乘，它们的物理几何意义是什么？要认识一个事物，给它一个命名，这当然非常重要，至少可以回答这是什么。但要知道它从哪里来，要到哪里去，还必须给出它们的关系。这里就要定义加法与数乘。数学家格拉斯曼 (Hermann Gunther Grassman，1809—1877)给出了另外一种记法和另外一个名字。他把质点记成 (mx, my, mz, m)。前 3 个分量要除以第四个分量才表示位置，而第四个分量仍然表示质量。这好像是复杂了点，没有多大改变，也看不出有什么大的创新，但今天我们把它叫做格拉斯曼坐标，用他的名字命名。首先，它可以做加法。这就是说两个质点的加法有物理意义。你可以算一下，两个质点相加以后等于在质心位置放上总质量。微观地看是两个点，宏观地看是一个点在其质心位置上，就好像在地球上用天文望远镜与不用望远镜看木星和它的卫星。数乘也有了物理意义，它只是质量的改变。质量定义应该是正的，格拉斯曼坐标可以是负的，这可能就是发现暗物质的来源吧。同时，请大家注意，在点空间中不能做点的加法。但是，在格拉斯曼质点空间却可以。格拉斯曼质点空间已经是一个向量空间。它与几何上的原点定义在什么地方没有任何关系，它可以有加法与数乘，并且有确切的几何物理意义。

八、应用数学的点——一点一世界

我们可以画出一个数学上的点吗？用笔画一个点,拿放大镜再仔细看看,用数学的眼光看,它只是一个颜色的分布。计算机也是这么处理它的,通常是用矩阵,其元素是在该位置颜色的浓度,技术用语也叫做灰度。如果是彩色的,那么就用 3 个矩阵表现三原色的浓度。用数学表示也可以认为是质量的分布,可以记成函数 $m(x, y)$,那是一幅图像了。任何图像也可以记成函数 $m(x, y)$。函数或图像还是点吗？粗看是点,细看是图像,一点一世界。在大学高年级学了泛函分析以后,我们知道,函数还是点,是无限维希尔伯特空间上的点。对于应用数学,我们不能处理无限的东西。处理无限的东西要用无限的时间,所以我们采用离散化的方法。将图像的定义域$(0,1)\times(0,1)$分隔成 $n\times n$ 的格子,在每个格子上用质量 m 的平均值来代表。细看只是细到一点的程度。这样人们就只需要用一个 $n\times n$ 的矩阵来描绘这幅图片。许多普通计算机的显示屏长宽取得不同(如 $728\times1\,024$),你可以取大的 n,这样就是一幅大像素的图像。但是,再大的像素,总会忽略掉更加细的细节。

如果你把矩阵一列接一列地列成一个向量,那么二元函数就完全是高维空间的点。既然一个点事实上是一张图片,那么,就如这篇文章的题目"一点一世界",一个点内可以包含任何东西。上帝在太阳系画了一个点——地球。走近看一下,那个点里有海洋、陆地;再走近点,看见高山、河流;再走近点,看见高楼、大树,有人类、牛羊,有蚂蚁、蜜蜂,有细菌、病毒,等等。

我第一次从显微镜下看脏水,看到许多眼睛看不到的浮游生物,当时我就想,这些浮游生物是否也会造一个更小的显微镜去看更小的生物呢？在上帝眼里,人类是否就像趴在皮球上的细菌一样趴在地球上呢？

既然是点,处理点就容易多了。譬如,我们可以来分析两个点的中点。利用上面中点的表示公式,我们得到一张新的图像,是原先两个图像的叠加,不过都比原先的淡了许多。如果你还是利用这个公式,把这两张图像的连线求出来。然后用 Video 软件播放,那么你看到的是图像 A 逐渐淡化,而图像 B 逐渐显现。在这里我们看到,所谓录像无非是那个高维空间的点所走的路径。如果图像 A 是一个点,图像 B 是另一个点,我们得到的中间过程是点 A 逐渐隐去、点 B 逐渐显现。这好像与我们对中点的直接理解不同,通常认为应该是一个点从位置 A 逐渐移动到位置 B。但是如果我们用格拉斯曼坐标来表示,它与通常的中点格拉斯曼坐标是一样的。半个在 A 处,半个在 B 处,与一个在 $(A+B)/2$ 处是一样的。所以,格拉斯曼坐标还只是抽象的物理意义下的点,它还是没有大小,但有了质量。在格拉斯曼坐标中,其抽象的表示是将所有的质量集中在质心,但也可以分散在各处。相同的格拉斯曼坐标对应的图像可能不同。本来应用数学就没有一个点的概念,点一定还有大小、浓淡(质量)及质量分布的。所以,移动点时是移动一堆质量,而中点只是点移动到一半时的状态。而移动一个点,就是画线了。最简单的线是直线。

九、直线

有了点以后,我们下一步自然要画直线。利用数学公式,两点 AB 之间的直线段可以这么表示,或者说这么画:$p(t) = (1-t)A + tB$,因为线是点随着时间的运动,走直线就是走最短路径,而这里的 t 对应的就是时间。如果 A,B 是两个点的坐标,那么 $p(t)$ 就是时刻 t 的点的坐标。但是如前所述,对于应用数学,点应该是一张图片。$A = A(x, y)$,$B = B(x, y)$,它们还是高维空间的点,而图像 $p(x, y, t) = (1-t)A(x, y) + tB(x, y)$ 就不是通常看到的点的运动了。换句话说,以应用数学中的点作为图像,两点不能决定唯一的中点,也可以说连接两点的直线(最短路径)不止一条。怎么可能有两条以上的最短路径呢?可能我们已经忘了或者已经习以为常而忽略了,我们从家里到学校的最短路径可能就不止一条。最短路径与距离有关,这就涉及怎么定义两点之间的距离了。数学上欧几里得距离是我们熟悉的,这里,我们要介绍瓦萨斯坦距离或康托洛维奇距离。

十、瓦萨斯坦距离或康托洛维奇距离

什么叫两张图片的距离? 一张图片变成另外一张图片(假设是黑白的)有两个概念:一个是总用墨量的变化,一个是墨的位置变化。数学与其他科学一样,面对一个大问题,我们总是先分解成一些小问题,然后再一个一个地解决。可以假设总的用墨量是随时间均匀变化的,或者说用墨量走的是欧几里得最短路径,那么,如果 A 是 A 图片的用墨量,B 是 B 图片的用墨量,公式 $p(t) = (1-t)A + tB$ 就是 t 时刻的用墨量。如果我们只关心集聚在质心的质量,那么利用格拉斯曼坐标,在格拉斯曼的空间里画直线,获得的就是上述质量变化的结果。我们把这个概念分离出来,简单地说就是把质量除掉,只处理同样单位用墨量的图片,然后在时刻 t 再把真实用墨量乘上去。现在是两张相同用墨量的图片,只是用墨的位置不同。为了给两张相同用墨量的图片定义距离,瓦萨斯坦(Wasserstein) 把它看成是质量搬运的过程。什么是最短路径呢?当然是做功最少的路径,也就是说在搬运的过程中没有走冤枉路。正如我们寻找从 0 到 1 的全部实数,可以先找中点 1/2,然后逐次细分、再求极限得到。求两个图像最短路径的关键是只要会求两个图像的中点。我们先来看个例子:如果 A 是单位质量集中在点 0,B 是单位质量集中在点 1,那么中点应该是单位质量集中在点 1/2,这也是我们通常所理解的中点。但是也可以一半质量在点 0,一半质量在点 1,这也是搬运的某种中间状态,甚至还可以是质量均匀地分布在区间[0, 1]的状态。以上 3 个状态所做的功都是把单位质量从 0 运输到 1 所做的功的一半状态。第一种是一个人搬,恰好走到半路上;第二种是把质量一点一点地从点 0 扔向点 1,恰好扔完一半的质量;第三种是许多人,排着队每人搬一点,搬到一半的时候,恰好第一个刚到达点 1,而最后一个才离开点 0。事实上你还可以举出第四个、第五个状态(试试看),也可以是 *AB* 作为图像的中间状态,或者说 *AB* 的中点。

复旦大学数学科学学院 吴宗敏

一元代数方程都有求解公式吗？

一元代数方程（准确地说是一元多项式方程）的求解是一个古老的问题，是代数学起源的主要源头之一。

先看最简单的情形：一元一次方程

$$ax + b = 0,$$

其中 x 是未知数，a，b 为已知的复数（当然可以是实数、有理数、整数等特殊的复数）且 $a \neq 0$，那么很容易解出

$$x = -\frac{b}{a}。$$

再看稍微复杂一些的情形：一元二次方程

$$ax^2 + bx + c = 0,$$

其中 x 是未知数，a，b，c 为已知的复数且 $a \neq 0$。通过完全平方公式，人们可以将原方程利用配方法转化为

$$a\left(x + \frac{b}{2a}\right)^2 - \frac{b^2}{4a} + c = 0。$$

于是也容易解出

$$x = \frac{-b \pm \sqrt{b^2 - 4ac}}{2a},$$

方程的解是两个根,分别取正负号。

以上两种情形很简单,但对一元高次方程是否也能找到类似的求解公式? 该问题在中世纪以后才有了解答。对一元三次和一元四次方程,都有肯定的答案。在历史上关于这些方程求解方法和公式发现的优先权方面还有一些有趣的故事,这在网上很容易查到,这里我们就不再介绍这些历史。下面还是从数学方面来看一元三次和一元四次方程的求解方法,我们在此介绍拉格朗日(Joseph Louis Lagrauge,1736—1813)的一种方法。该方法主要用到方程根的置换,这导致了近代数学中群的发展。这方面我们在后面会给出简单的介绍。

在给出进一步的介绍之前,请大家先承认下面两个结果。

代数基本定理:系数是复数的一元 n 次(n 是自然数)方程有且仅有 n 个复数根(这些根可以有相同的,相同的根称为重根)。

如三次方程有 3 个根,四次方程有 4 个根,等等。

根与系数关系的韦达定理:对首项系数为 1 的一元 n 次方程,有

所有根之和 $= -(n-1)$ 次项系数,
所有根的两两相乘之和 $= +(n-2)$ 次项系数,
所有根的三三相乘之和 $= -(n-3)$ 次项系数,

......

所有根的乘积 $= (-1)^n$ 常数项(即 0 次项系数)。

若一元 n 次方程的首项系数不是 1 而是 $a(a \neq 0)$,则在上面定理中每个等式的右边乘以 $\frac{1}{a}$ 即可。然而,任一个一元 n 次方程很容易化为一个首项系数为 1 的一元 n 次方程,只需将每个原系数乘以首项系数的倒数即可,而得到的方程与原方程同解(即与原方程的解相

同）。所以下面写一元 n 次方程只写首项系数为 1 的。

当然，你最好也知道或记得**二项式公式**：

$$(a+b)^n = a^n + na^{n-1}b + \frac{n(n-1)}{2}a^{n-2}b^2 + \cdots +$$

$$\frac{n(n-1)}{2}a^2b^{n-2} + nab^{n-1} + b^n 。$$

因为你应该知道杨辉三角（出现于我国宋代），该三角的第 $(n+1)$ 行的数分别对应着上面公式中右边的系数。

现在介绍一元三次方程的拉格朗日求解方法。首先如前面所说，我们可不妨设一元三次方程的首项系数为 1，其次可利用 $n=3$ 时的二项式公式配方将二次项（即 $n-1$ 次项）消掉，即化为形如下面的方程

$$x^3 + px + q = 0,$$

其中 x 是未知数，p，q 是复数，称为原方程的一种约化方程。下面只需解这个约化方程。

设 α，β，γ 是上述三次约化方程的 3 个复数根，代数基本定理保证了这 3 个根的存在。注意它们不是已知的，而是我们需要求出的解。

设 $\omega = \dfrac{-1+i\sqrt{3}}{2}$，其中 $i = \sqrt{-1}$ 是虚数单位。实际上，ω 是三次单位根，即 $\omega^3 = 1$，亦即 ω 是特殊的三次方程 $x^3 - 1 = 0$ 的一个根。注意 $x^3 - 1 = (x-1)(x^2+x+1)$ 而 $\omega \neq 1$，故 ω 是 $x^2+x+1=0$ 的根（当然你也可以倒过来利用这个方程把 ω 具体求出来），即有

$$\omega^2 + \omega + 1 = 0 。$$

我们现在来观察下面的式子。设

$$X = \frac{1}{3}\left[(\alpha+\beta+\gamma) + \sqrt[3]{(a+\omega\beta+\omega^2\gamma)^3} + \sqrt[3]{(\alpha+\omega^2\beta+\omega\gamma)^3}\right]。$$

注意任意一个复数 s 开三次方即 $\sqrt[3]{s}$ 等于 3 个复数值。如设 r 是 $\sqrt[3]{s}$ 的一个值,即 $r^3 = s$,用上面的三次单位根 ω 可以得到 r,ωr,$\omega^2 r$ 都是 $\sqrt[3]{s}$ 的值,即 $\sqrt[3]{s} = r$,$\sqrt[3]{s} = \omega r$ 和 $\sqrt[3]{s} = \omega^2 r$,因为它们的三次方都等于 s。(一般地,你可以试着证明 s 开 n 次方等于 n 个值!)所以,上式右边方括号中两个开三次方分别有 3 个值:

$$\sqrt[3]{(\alpha + \omega\beta + \omega^2\gamma)^3} = \alpha + \omega\beta + \omega^2\gamma, \ \omega(\alpha + \omega\beta + \omega^2\gamma), \ \omega^2(\alpha + \omega\beta + \omega^2\gamma),$$

$$\sqrt[3]{(\alpha + \omega^2\beta + \omega\gamma)^3} = \alpha + \omega^2\beta + \omega\gamma, \ \omega^2(\alpha + \omega^2\beta + \omega\gamma), \ \omega(\alpha + \omega^2\beta + \omega\gamma)。$$

将它们分别代入上面有 X 的式子,就得到 X 实际上是 9 个值。利用 $\omega^2 + \omega + 1 = 0$ 可知其中有 3 个值刚好分别是 α,β,γ,即

$$X = \frac{1}{3}\big[(\alpha + \beta + \gamma) + (\alpha + \omega\beta + \omega^2\gamma) + (\alpha + \omega^2\beta + \omega\gamma)\big]$$

$$= \frac{1}{3}(3\alpha) = \alpha,$$

$$X = \frac{1}{3}\big[(\alpha + \beta + \gamma) + \omega(\alpha + \omega\beta + \omega^2\gamma) + \omega^2(\alpha + \omega^2\beta + \omega\gamma)\big]$$

$$= \frac{1}{3}(3\gamma) = \gamma,$$

$$X = \frac{1}{3}\big[(\alpha + \beta + \gamma) + \omega^2(\alpha + \omega\beta + \omega^2\gamma) + \omega(\alpha + \omega^2\beta + \omega\gamma)\big]$$

$$= \frac{1}{3}(3\beta) = \beta,$$

其中我们也用到了 $\omega^3 = 1$,$\omega^4 = \omega^3\omega = \omega$。这就是说,关于 X 的式子表示的是 9 个值,其中有 3 个刚好是原三次约化方程的 3 个根 α,β,γ。所以,如果能够求出 X 的所有 9 个值,人们就可以求出原三次约化方程的所有根 α,β,γ,等等,我们原来不是说要解 α,β,γ 这 3 个值吗?现在反而变成要解 9 个值,不是更复杂了吗?我们再来观察,不急着下断言。记

$$t_1 = \alpha + \omega\beta + \omega^2\gamma, \ t_2 = \omega t_1, \ t_3 = \omega^2 t_1,$$
$$t_4 = \alpha + \omega^2\beta + \omega\gamma, \ t_5 = \omega^2 t_4, \ t_6 = \omega t_4,$$

注意由韦达定理和原三次约化方程的二次项为 0，可知 $\alpha + \beta + \gamma = 0$，所以

$$X = \frac{1}{3}\left(\sqrt[3]{t_1^3} + \sqrt[3]{t_4^3}\right),$$

由 $t_1, t_2, t_3, t_4, t_5, t_6$ 这 6 个值完全确定。仍然比原来要求出的 3 个值多，但是我们可以构造一个新的六次方程（称为拉格朗日预解方程）：

$$(y - t_1)(y - t_2)(y - t_3)(y - t_4)(y - t_5)(y - t_6) = 0。$$

显然 $t_1, t_2, t_3, t_4, t_5, t_6$ 是它的 6 个根。这个新方程目前我们还不认识，因为其中的那些 t 我们还不知道，需要解出来。注意我们有 $y^3 - t^3 = (y - t)(y - \omega t)(y - \omega^2 t)$，所以新的六次方程实际上为

$$(y^3 - t_1^3)(y^3 - t_4^3) = 0。$$

把左边展开得到

$$(y^3)^2 - (t_1^3 + t_4^3)y^3 + t_1^3 t_4^3 = 0。$$

可见，问题转化为是否能求出 $t_1^3 + t_4^3$ 和 $t_1^3 t_4^3$。若能，则令 $z = y^3$，新方程为关于未知量 z 的二次方程，可解出来两个根 z_1, z_2，那么 $\sqrt[3]{z_1}$ 和 $\sqrt[3]{z_2}$（前面说过分别是 3 个值）则是 6 个值，即为所求的 $t_1, t_2, t_3, t_4, t_5, t_6$。但如果不能求出 $t_1^3 + t_4^3$ 和 $t_1^3 t_4^3$，那么对原约化方程的求解就没有什么进展，只是把原来的问题转化为一个新的问题，而新问题也许是个更难的问题，就只是在玩一些数学的"花招"而没有实质性的突破。所幸的是拉格朗日没有玩"花招"，他发现了一些本质，这种本质就是所谓的"对称性"。我们接下来看看这种对称性。

由 t_1, t_4 的定义我们知道，它们都是关于 α, β, γ 的多项式（注意

ω 是已知的,可看成常数),那么 t_1 和 t_4 实际上都是关于 α,β,γ 作为 3 个变量的三元一次多项式。一个具有 m 个变量的多项式称为对称多项式,如果把所有变量任意作一个置换,即所有变量的一个排列,得到的多项式与原多项式仍然相等。最重要的是 m 个变量的初等对称多项式有 m 个,它们的定义分别是所有 m 个变量的和、所有 m 个变量两两相乘的和、所有 m 个变量三三相乘的和,如此下去,最后是 m 个变量相等。等一下,这好像在什么地方见过。对了,在韦达定理中,所有等式左边即是关于 n 个根(作为 n 个变量)的所有 n 个初等对称多项式。而韦达定理中用所有的根作为变量的初等对称多项式都等于原方程的某个系数再带上可能的正负号。牛顿发现一般的对称多项式可以由初等对称多项式来表达。精确的牛顿定理及其证明在大学"高等代数"中对称多项式部分要讲到,这里我们就不细说了。但我们看看要关心的 $t_1^3 + t_4^3$ 和 $t_1^3 t_4^3$。

由定义把 t_1,t_2,t_3,t_4,t_5,t_6 明确地写成 α,β,γ 的多项式:

$t_1 = \alpha + \omega\beta + \omega^2\gamma$, $t_2 = \omega t_1 = \gamma + \omega\alpha + \omega^2\beta$, $t_3 = \omega^2 t_1 = \beta + \omega\gamma + \omega^2\alpha$,
$t_4 = \alpha + \omega\gamma + \omega^2\beta$, $t_5 = \omega^2 t_4 = \gamma + \omega\beta + \omega^2\alpha$, $t_6 = \omega t_4 = \beta + \omega\alpha + \omega^2\gamma$.

注意 $t_1^3 = t_1 t_2 t_3$ 和 $t_4^3 = t_4 t_5 t_6$(由于 $\omega^3 = 1$),容易知道 $t_1^3 + t_4^3$ 和 $t_1^3 t_4^3$ 是关于 α,β,γ 对称的,并且利用 $\omega^2 + \omega + 1 = 0$ 和 $\alpha + \beta + \gamma = 0$,可以得到

$$\begin{aligned}
t_1^3 + t_4^3 &= (t_1 + t_4)(t_1 + \omega t_4)(t_1 + \omega^2 t_4) \\
&= (2\alpha - \beta - \gamma)(-\omega^2\alpha - \omega^2\beta + 2\omega^2\gamma)(-\omega\alpha - \omega\gamma + 2\omega\beta) \\
&= 3\alpha \cdot 3\omega^2\gamma \cdot 3\omega\beta \\
&= 27\alpha\beta\gamma \\
&= -27q
\end{aligned}$$

和

$$t_1^3 t_4^3 = (\alpha^2 + \beta^2 + \gamma^2 + \omega^2\alpha\beta + \omega\alpha\gamma + \omega\beta\alpha + \omega^2\beta\gamma + \omega^2\gamma\alpha + \omega\gamma\beta)^3$$

$$= (\alpha^2 + \beta^2 + \gamma^2 - \alpha\beta - \alpha\gamma - \beta\gamma)^3$$

$$= [(\alpha+\beta+\gamma)^2 - 3(\alpha\beta + \beta\gamma + \alpha\gamma)]^3$$

$$= -27p^3 \text{。}$$

故得到新方程为

$$(y^3)^2 + 27qy^3 - 27p^3 = 0,$$

解得

$$y^3 = \frac{-27q \pm \sqrt{(27q)^2 + 4 \times 27p^3}}{2} \text{。}$$

令

$$t_1 = \sqrt[3]{\frac{-27q + \sqrt{(27q)^2 + 4 \times 27p^2}}{2}}$$

和

$$t_4 = \sqrt[3]{\frac{-27q - \sqrt{(27q)^2 + 4 \times 27p^3}}{2}},$$

那么原三次约化方程的 3 个根为

$$X_1 = \frac{1}{3}(t_1 + t_4) = \sqrt[3]{\frac{-q + \sqrt{q^2 + 4p^3/27}}{2}} + \sqrt[3]{\frac{-q - \sqrt{q^2 + 4p^3/27}}{2}},$$

$$X_2 = \frac{1}{3}(\omega t_1 + \omega^2 t_4) = \left(\frac{-1 + i\sqrt{3}}{2}\right)\sqrt[3]{\frac{-q + \sqrt{q^2 + 4p^3/27}}{2}}$$

$$+ \left(\frac{-1 - i\sqrt{3}}{2}\right)\sqrt[3]{\frac{-q - \sqrt{q^2 + 4p^3/27}}{2}},$$

$$X_3 = \frac{1}{3}(\omega^2 t_1 + \omega t_4) = \left(\frac{-1 - i\sqrt{3}}{2}\right)\sqrt[3]{\frac{-q + \sqrt{q^2 + 4p^3/27}}{2}}$$

$$+ \left(\frac{-1 + i\sqrt{3}}{2}\right)\sqrt[3]{\frac{-q - \sqrt{q^2 + 4p^3/27}}{2}} \text{。}$$

类似地,对一元四次方程,可利用 $n = 4$ 时的二项式公式配方,可将其化为约化形式:

$$x^4 + px^2 + qx + r = 0。$$

设它的 4 个根为 α_1, α_2, α_3, α_4。记 ε 是四次本原单位根。(即 $\varepsilon^4 = 1$,但 ε, ε^2 和 ε^3 都不为 1。实际上,此时 $\varepsilon = \mathrm{i}$ 或者 $\varepsilon = -\mathrm{i}$。)令 $t = \alpha_1 + \varepsilon\alpha_2 + \varepsilon^2\alpha_3 + \varepsilon^3\alpha_4$,这是关于根 α_1, α_2, α_3, α_4 的一个四元多项式。为了考虑关于这些根的对称性,将 α_1, α_2, α_3, α_4 作置换,共有 24 种不同的置换(因为 4 个元的所有排列有 24 种),此时,t 相应地变为 24 个关于 α_1, α_2, α_3, α_4 的多项式,可分别把它们记为 t_1, t_2, $\cdots$, t_{24}。类似地,可做以它们为根的一个 24 次方程(称为拉格朗日预解方程)。这个预解方程的每个系数关于 α_1, α_2, α_3, α_4 都是对称的,从而由牛顿定理和韦达定理可知,预解方程中的每个系数可由原四次约化方程的系数表达出来,即预解方程成为一个系数已知的方程,但该 24 次预解方程最后本质上是一个三次方程,从而也可解出。具体的过程较为复杂,我们在这里就不详细推导,只写出原四次约化方程的一个解如下:

$$
x = \frac{1}{2}\sqrt{-\frac{2p}{3} + \frac{\sqrt[3]{2}\,s}{3\sqrt[3]{u}} + \frac{\sqrt[3]{u}}{3\sqrt[3]{2}}}
$$

$$
-\frac{1}{2}\sqrt{-\frac{4p}{3} - \frac{\sqrt[3]{2}\,s}{3\sqrt[3]{u}} - \frac{\sqrt[3]{u}}{3\sqrt[3]{2}} - \frac{2q}{\sqrt{-\frac{2p}{3} + \frac{\sqrt[3]{2}\,s}{3\sqrt[3]{u}} + \frac{\sqrt[3]{u}}{3\sqrt[3]{2}}}}},
$$

其中

$$s = p^2 + 12r \text{ 且 } u = 2p^3 + 27q^2 - 72pr + \sqrt{(2p^3 + 27q^2 - 72pr)^2 - 4s^3}。$$

上述约化的三次和四次方程的解的形式看起来很复杂,但它们是原来系数之间的某种组合形式或开根号形式,并且根号中可能还有根号，即根号可能有多重嵌套形式，这种形式的解称为根式解。一元 n 次方程求解公式的问题实际上是能否有根式解的问题！

之后人们试图找到五次方程的根式解，最后的结果出乎预料。利用拉格朗日置换根的办法，阿贝尔（Wiels Hennik Abel，1802—1829）证明了一般的五次方程没有根式解！这实际上也说明了当 $n \geqslant 5$ 时一般的 n 次方程没有根式解。

故事还没有结束。尽管当 $n \geqslant 5$ 时一般的 n 次方程没有根式解，但许多特殊的 n 次方程却有根式解，如 $x^5 - 1 = 0$，等等。注意到根的两个置换的合成（即先作一次置换，再作一次置换）仍然是一个置换，并且依次作 3 次置换与先作其中的哪两个无关（即置换的合成具有结合律），同时有恒等置换以及每个置换有逆置换。具有这种运算的集合称为一个群，而所有置换就构成一个群，称为对称群（正如前面所见，多元多项式的对称由置换来定义）。正是法国天才青年数学家伽罗瓦（Evariste Galois，1811—1832）在 1830 年利用群的观念给出 n 次方程有根式解的充要条件，他也再次证明了 $n \geqslant 5$ 时一般的 n 次方程没有根式解。伽罗瓦英年早逝，20 岁死于一场决斗，关于他的故事在网上可以查到。伽罗瓦的理论实际上是抽象群论的开始，也是近现代抽象代数学开始的标志。群几乎无处不在，因为对称几乎无处不在，而描述对称的数学工具就是群，群即对称！

注释： 我们在正文中给出的三次和四次方程解的办法主要是强调思想性和通用性，这是人们所追求的。但过程难免复杂、不易具体求解，下面我们分别给出三次和四次方程解的一种较为简单的方法。

1. 关于三次约化方程 $x^3 + px + q = 0$ 根式解的一种解法

设 $x = u + v$，其中 u，v 待定，那么有 $u^3 + v^3 + (u+v)(3uv + p) + q = 0$。令 $3uv + p = 0$，即 $uv = -p/3$，那么由 $u^3 + v^3 = -q$ 和 $u^3 v^3 = -p^3/27$ 可知，u^3 和 v^3 是方程 $y^2 + qy - \dfrac{p^3}{27} = 0$ 的两个根。取

u 是这两个根中的一个开 3 次方根,那么令 $v = -p/3u$,则 $u+v$ 是原

三次约化方程的一个根。仍然取 $\omega = \dfrac{-1+\mathrm{i}\sqrt{3}}{2}$,那么有 $u+v$,

$\omega u + \omega^2 v$,$\omega^2 u + \omega v$ 是原三次约化方程的 3 个根。

2. 关于四次约化方程 $x^4 + px^2 + qx + r = 0$ 根式解的一种解法

令 $x^4 + px^2 + qx + r = (x^2 + jx + l)(x^2 - jx + m)$,其中 j,l,

m 待定。解得 $m + l - j^2 = p$,$j(m-l) = q$,$lm = r$。于是,有 $2m =$

$j^2 + p + q/j$ 和 $2l = j^2 + p - q/j$。故 $4r = 4lm = (j^2 + p + q/j)(j^2 +$

$p - q/j)$,从而有 $j^6 + 2j^4 p + (p^2 - 4r)j^2 - q^2 = 0$。于是 j^2 是方程

$y^3 + 2py^2 + (p^2 - 4r)y - q^2 = 0$ 的一个根。故可利用三次方程的解求

出 j^2,再开方得到 j,于是可解出 l 和 m。利用解出的 j,l,m,再解出

两个二次方程 $x^2 + jx + l = 0$ 和 $x^2 - jx + m = 0$。得到的 4 个根即

为原四次约化方程的 4 个根。

四川大学数学学院　彭联刚

有理数，有理吗？

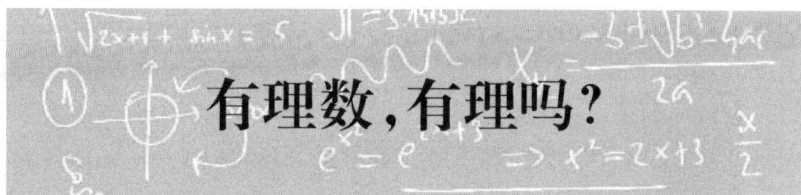

在中学我们就接触到有理数。有限位的小数是有理数，无限位的循环小数也是有理数。一般来说，有理数可以写成两个整数之商，这也可以作为有理数的定义。有了有理数自然就有无理数，无理数自然就是不可以写成两个整数之商的那些数了。看起来，有理数确实比无理数要有理一些。有理数的英文是"rational number"，而无理数就是"irrational number"，翻译成中文就是有理和无理。可是进了大学，会碰到另一个有理的内容——有理多项式，其定义是两个多项式之商，这与有理数有相同的传承。可是，在往后的课程里却没有无理多项式。不可以写成两个整数之商的数至少还是数，还可以叫做无理数；而不可以写成两个多项式之商的就不是多项式了。所以每当给学生讲有理多项式时总感到那么一点别扭，怕学生会问无理多项式是什么，但同时我也特别期待有这样的学生出现。因为你学了有理数、又学了无理数，现在学了有理多项式自然应该想到要有无理多项式。这叫"举一隅而可以反三隅"。对于这样的学生，我总有一种特别的亲近感。

那么，这个别扭究竟发生在哪里呢？英语"rational"翻译成有理，这个词是从拉丁文来的，其本意应该是"Ratio-nal"，也就是"之商"或"成比例"的意思，当然你也可以认为成比例就比较"有理"。早期数学中的大多数专有名词都是从拉丁文或希腊文来的。网络上有个 mathematical genealogy 网站,你可以查询数学的师承关系,进而可以查到导师是什么时候获得博士学位、在哪里获得博士学位、论文题目是什么、他的导师是谁,等等。如果回溯还可以发现,在 1850 年以前那些博士论文基本上都是用拉丁文写的,也就是说"rational number"这个词的出现还没有超过 200 年,是 19 世纪的产物。而在 20 世纪初,克莱因(Felix Christian Klein,1849—1925)、柯朗(Richard eourant,1888—1972)就已经行文讨论这个问题,人们甚至要求将有理数改名为比率数。可终因使用的人太多而改不过来。

那么,有理数究竟有多少呢? 首先,有理数几乎充满整个实数区间,也就是说,对任何的实数及任意给定的小的误差界,我们总可以找到一个与这个实数的误差小于误差界的有理数。对于任何实数,我们总可以用小数一位一位地写下去(注意这些都是有理数),当写到小数点以后某一位时,这个有理数与目标实数之差是 10 的负的位数次方。只要增加位数,这个误差就越来越小。观察(0,1)区间,将这个区间 10 等分,那么在每个小区间有一个一位的小数,且这些正是分割点。如果将每个小区间再 10 等分,那么在每个更小的区间有一个两位的小数,如此等等。也就是说,在(0,1)区间密布着有限位的小数或者说有理数,所以说有理数在(0,1)区间是稠密的。在(0,1)区间里任意选一个非常小的开区间,里面都会有无穷多个有理数。

这样看起来有理数要比整数多得多。另一方面有理数可以写成两个整数之商,所以我们也可以用两个整数(m,n)来表示有理数,(m,n)对应于 m/n。而所有的(m,n)包含了所有的有理数,并且会有许多重复,如$(m,n)(2m,2n)$表示同一个有理数。对这样的有理数表示,我们可以进行排序:$(1,1)(1,2)(2,1)(3,1)(2,2)(3,1)$,…,每次都是从右上到左下斜着一排一排地排序。这样所有的有理数与整数的一个子集进行了对应或者配对,也就是说,有理数并不比整数多。奇怪吗? 到了大学我们可以证明,整数不可以与所有的实数进行一一配对,也就是说,实数确实比整数或有理数多得多。无穷多集合与尤穷多集合,其元素有的可以一一对应,如整数与有理数;有的则不能进行一一对应,如整数与实数。

　　问题:你还有什么办法对所有的有理数进行排序呢？

　　问题:所有的实数可以排序吗？ 这个问题在前文中事实上已作回答,答案是"不能"。但为什么不能呢？

　　(本文得到北京师范大学王昆阳教授的帮助。)

复旦大学数学科学学院　吴宗敏

元旦为什么定在那一天？

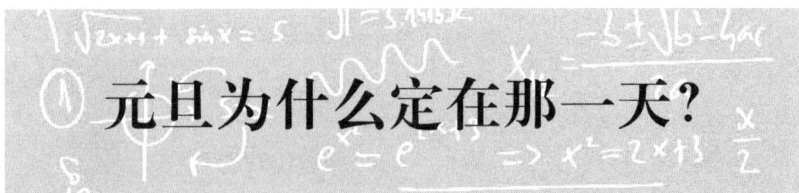

又到了公历元旦。每年此时总会有个疑问萦绕在脑中，为什么要把这一天定为元旦？我查了许多资料，但总没有得到一个确切的答案。

元旦是公元的，还有公元前与公元后的说法。所谓的公元后，就是耶稣诞生后。那么，元旦是否与耶稣诞生也有关系呢？那为什么不把圣诞日作为元旦呢？而且这两个日子又离得那么近。

公历对应的还有农历，基本上公历是太阳历，也就是以地球围绕太阳公转一周作为一年。而农历是基于月亮历，是以月亮绕地球公转一周作为一月。我们知道地球绕太阳一周是 365.25 日，或更加精确地是 365.242 5 日，而月亮的公转周期是 29.530 59 日。它们都不是整数。大家有没有想过，这个周期是怎么算出来的？

先来看公历，哪天可以作为一年开始的元旦呢？我们应该选择或找出科学的公转周期中特殊的点。

一种选法是冬至。因为地球的南北轴或者说自转轴（见图 1）对于绕着太阳转的平面（图 1 中的黄道平面）是倾斜的，地球自转的平面与地球相交的大圆称为赤道，其他的称为纬度线，这些在地球仪上可以画出来。而地球公转的平面与地球相交的大圆称为黄道。所以，对于生活在北半球的人类来说，冬天太阳直射在南半球，而夏天

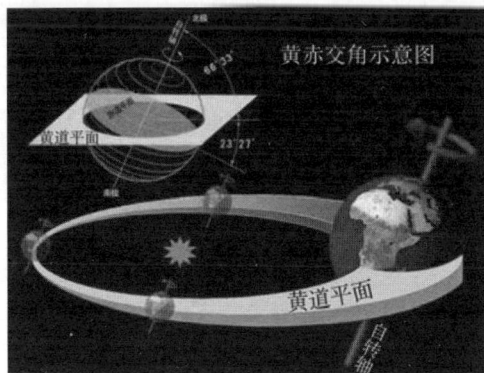

图 1

太阳直射到北半球。黄道在地球仪上画不出来，由于地球的自转，它处于南北回归线之间的任何地方，每天都会有某时某刻两次处于黄道上，因此讲"黄道吉日"并不十分确切，而"黄道吉时"却是有的。那一时刻生活在南北回归线的人恰好在黄道面上，不过有时是在白天，有时是在晚上。所处的经度不同的地方与黄道相交的时间也不同。当然人们有时还会听到白道的说法，那是月亮绕地球的那个平面与地球相交的大圆，白道在地球仪上也是画不出来的。冬至是南极与太阳夹角最小或者说是太阳可以直射到最南位置的时刻，那条纬线称为南回归线，地球就处在图 1 中那个放大的地球位置；夏至是太阳与北极夹角最小或者说是太阳可以直射到最北位置的时刻，那条纬线称为北回归线。所以冬至与夏至都是某个时刻。讲冬至或夏至的那一天，其实是指那个时刻所在的那一天。有时冬至发生在早晨，有时冬至发生在晚上。把冬至定为一年之首，还是有一定科学道理的。冬至也是生活在地球上的人类首先可以感受或观测到的天文现象，因为对于生活在北半球的人类来说，在那一天日照时间最短，这也可以从中午日照的阴影最长现象可知。当然，把夏至乃或春分、秋分定为元旦，也是一样的科学道理。这也是图 1 中地球所在 4 个位置的时刻,这是 4 个特殊的位置。

　　另一种选法是在公转椭圆轨道上地球运行到离太阳最近的点,也是冬天的某一时刻,几乎就在冬至附近。但是明显这是两个不同的概念。冬至是地球北极倾斜的结果,最近点是地球相对于太阳的位置。这两个时间的发生可能不一定恰好重合,也不一定永远重合。当然,也有可能是地球轨道被拉长与北极向着北斗星座,这都是北斗星座的引力造成的。那么,结果就是现在北极方向投影到黄道平面几乎就是向着最长轴方向,也就是这两个时间点可能是重合的。把这一天定为一年之首也是有科学道理的。反之,我们也可以将最远点(即夏至)作为一年的开始。

　　再有就是跑出太阳系,观测黄道平面在太阳系外的黄道十二宫,或者说几乎均匀排列的 12 个星座(见图 2)。譬如,我出生期间中午是巨蟹座在我们的头顶上,所以我的星座就是巨蟹。把某星座开始出现或正当头的时刻作为一年的开始,也是有科学道理的。元旦那天中午头顶上的是摩羯座,摩羯当头的日子是从 12 月 22 日到 1 月20 日。

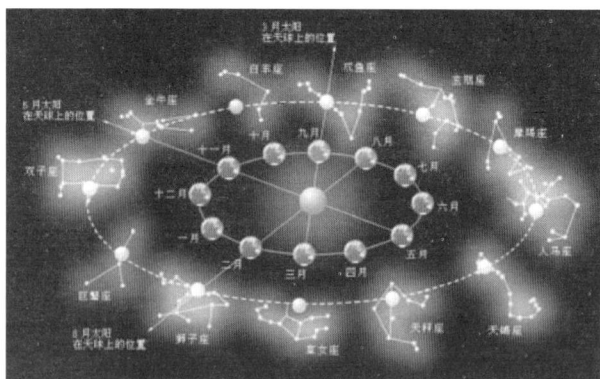

图 2

综上所述,可以至少有 3 个比较科学的元旦的选择,它们都是以天文现象的某个特殊点选择作为元旦的理由。12 月 22 日,通常同时是冬至、离太阳最近点以及摩羯座的开始日,将元旦提前 10 天看来似乎更加有道理。

你会抱怨:"你说了半天还是没有说出元旦为什么定在那一天。"国际通行的历法基本上是格里历(1582 年),属于太阳历的一种,其前身是奥古斯都历,而奥古斯都历的前身是儒略历。公元前 46 年,罗马独裁者儒略·恺撒(Gaius Julius Caesar,前 100—前 44)采纳埃及亚历山大的希腊数学家兼天文学家索西琴尼(Sosigenes,活跃于公元前 46 年前后)计算的历法,设单月为大月(31 天),双月为小月(30 天),这样总计为 366 天,多了一天。2 月就减一天,设为 29 天,然后每四年设闰,闰年二月为 30 天。这样每年为 365.25 天。奥古斯把 8 月、10 月、12 月都改成大月,9 月、11 月改成小月,多了一天在 2 月再去掉,每年仍然是 365.25 天。教皇格里高利 13 世在公元 1582 年改革儒略历。他的贡献就在于把儒略历的一年 365.25 天精确到一年 365.242 2 天。原来是 4 年一闰,改为逢百(即要 400 年)才添闰。4 年一闰就是当年份可以被 4 除尽,那么那一年定为 366 日,格里历对 1700 年、1800 年、1900 年不再添闰,因为它们不可以被 400 除尽。要到 2000 年才作为闰年,目的是将公转周期从 365.25 天精确到更加接近的 365.242 5 天。同时规定 1582 年 10 月 4 日(儒略历)之后的那天为 1582 年 10 月 15 日(格里历)。也就是说,那年人们是从 10 月 4 日一下子过到了 10 月 15 日。注意公元历法里是没有那年从 10 月 4 日到 10 月 15 日那段历史的,原因是要把在《圣经》里记载的耶稣出生的日子仍然放在格里历的公元前的 12 月 24 日。耶稣出生时已经有了儒略历,12 月 24 日当然是儒略历的 12 月 24 日,现在同时也要作为格里历的 12 月 24 日。《圣经》自然不能改动,那么就只能把儒略历多加的闰日从格里历的记年中划去。所以在历史书上看到 1582 年 10 月 14 日前的记载,应该是儒略历的,但年份应该是格里历的。在那时，如 1500 年、1400 年、1300 年的 2 月是有 29 日的，而 1582 年 10 月 15 日后才完全是格里历的。如果你看到 1582 年 10 月 5 日到 10 月 14 日的历史，那一定是伪造的，但 1500 年、1400 年、1300 年的 2 月 29 日是存在过的。

现在我们知道格里历的元旦是以耶稣出生后的那个儒略历元旦作为元旦计算的，那么，儒略历的元旦是怎么来的呢？儒略历的元旦是以历法颁布的那天作为元旦的。就如同以前中国的皇帝，公元前 46 年是儒略元年，那年颁布了历法，颁布的那天是元旦。一点科学、民主都没有，完全是独裁的结果。要说到儒略的独裁，还要把儒略的拉丁文拼写出来，即"Julius"，现在英文写成"July"。他把他出生的那个月用自己的名字命名。后来的奥古斯都（Augustus）也是独裁者，继承了儒略的独裁思想，也把他自己出生的那个月用自己的名字命名，现在英文写成"August"，并且增加了一天，为 31 天。原来罗马历中 7 月叫做"Quintilis"，8 月叫做"Sextilis"，分别是第五和第六的意思。以后的"September"，"October"，"November"，"December"分别是拉丁语第七、第八、第九、第十的意思。现在你念一下英语的数字"7，8，9，10"，比较一下月份的"September, October, November, December"，还可以感觉到拉丁语的影子。所以，要还公历月份名字的拉丁语本来面目，3 月才应该是第一月，元旦应该是"1st March"。考虑到上面的科学分析，"1st March"左右的中国节气（是以太阳直射南北回归线 24 等分后的结果）是雨水，再前面是立春。中国的传统立法是月亮历，每月的初一定在月亮处于白道与黄道相交点，再利用设置闰月的方法使得春节尽量地与立春接近，或者说与太阳历接近。中国传统的节气则完全是太阳历，那时中国已经有了非常精确的天文知识，从而可以精确地定出节气。所以，中国以前也把春节叫做元旦，似乎比公历的元旦更有科学道理。考虑到东西方的融合，我认为把立春（公历的 2 月 4 日）作为元旦是一个很好的选择，那个点是地球运行的椭圆轨道以长轴划分将椭圆轨道八等分，冬至后的第一个节点，也是水瓶座正当头的节点。立春、水瓶当头，接着雨水，为来年的春播带来多大的希望。那一天不应该庆祝吗？那一天不应该作为节日吗？

复旦大学数学科学学院　吴宗敏

在棋盘格中有多少个长方形

——定义、排序与分类

　　在学生找我面试时,我经常出下面的题目:一个国际象棋 8×8 的棋盘上面有多少个长方形? 有的学生很聪敏,马上回答 9 条直线里选 2 条的组合的平方。这就涉及长方形的定义:"两对互相垂直的平行线构成一个长方形。"有了这个通俗、明确、严格的定义,导出这样漂亮的计算公式就非常自然了。当然对这样的学生,我会说正方形不算长方形。因为我关心的不是问题的答案,而是你考虑、分析、解决问题的思想与步骤。

　　首先应该是长方形的定义。在我还没有说出这个长方形定义时,你是怎么定义长方形的?

　　有的学生会在给出题目时立即问我,正方形算不算长方形? 很好,你已经注意到了在这个题目中长方形定义的重要性。如果这是高考的题目,你会说这个题目的条件有歧义,因为你害怕与标准答案不符,你不知道出题人有没有把正方形算成长方形。说实话,我不太喜欢这样的学生,他们只关心这次考试可以得到多少分。你注意到了条件有歧义当然是好事,但你不能把问题退回去。你就应该对不同的歧义给出不同的答案。在实际问题中,你是碰不到高考类的题目的。高考类题目条件通常是充分且必要的,如果解了半天题目中有的条件一直没用到,你就会怀疑解法有问题;解一定是存在且简洁的,如果出现小数以后的 4 位,你就会怀疑是不是算错了。而对绝大多数实际问题,条件是模糊的,也就是说,哪些可以作为条件,哪些不可以作为条件,是需要你自己去整理、发掘的,甚至解的存在性都是需要证明的,答案可能也不是简洁的、明确的、唯一的。

回到原来的题目,在中学里老师教我们的第一步是审题,也就是定义。你先要理清题目中的什么是什么。任何科学问题,第一步都是要审题,通常就是问题中那些名词的定义以及这些名词间的关系。数学类的研究论文通常都是从定义及假设开始的。

对于我们的题目,我通常要求学生假想自己是一个幼儿园的老师,要教给幼儿园的孩子解这样的题目。你要把问题分成一小步一小步的,幼儿园孩子才能够理解。这时长方形的定义可能只能举例说明。小孩子也没有学过排列组合,就是要找到一种科学的数数的步骤,可以不犯错地把长方形的个数数清楚。

有了长方形定义、说明或者只是理解后,就要开始数了,怎么数呢? 数数就是排序,要对棋盘里所有的长方形进行排序,让它们与自然数做一一对应。因为长方形有各种形状的,有各种位置的,好像一个一个地数清楚也并不容易。对待科学问题,一个大问题不会做,那就要分解成一些小问题,也就是要对长方形进行分类,一种类型一种类型地数,这在中学时老师已经教过。分类应该是一个完全的分类,要求每个元素属于一类,且只属于一类,每类有明确的特性特征说明。这样你才可以一类一类地数,然后对类中一个一个的长方形进行数数或者排序。首先是类的排序,有的学生会以面积分类。面积分类是容易排序的,但是某种面积(如 11)是否一定有长方形也是一个问题,以面积排序会缺了一些类,要搞清缺了哪些类,又有一番周折。同一面积的长方形也可以有不同的形状,譬如,2×2 与 1×4,这样同类中的元素也不容易排序。这给以后数这一类型的长方形带来困难,好像不是一个好的分类。

对于这个问题,可能用长方形的长乘以宽(即 $j\times k$)分类较好。

找到好的分类方法是每个领导必须学会的领导艺术,这样你才可以把一个大问题分解成一些小问题,再分配给不同的下级部门去做。这也是计算机并行算法的核心所在。长乘以宽(即 $j \times k$)同时也是这类长方形的特性说明,而且还可以排序,叫做字典排列法。把 j 小的排在前面,当 j 相等时,再用 k 决定前后。这样的分类还有一个好处,就是类中的元素也可以用它的左下角的坐标进行字典排列,这样的序还是一个全序,不会跳过或漏数某个长方形。有了这些思想以后,幼儿园的小孩就会数出棋盘中有多少个长方形,而且你换成一个更大的棋盘,他也会数出来。如果那个小朋友更加聪明一些,有些领导天赋,他还可以将不同的类交给其他小朋友去数,当然他自己要学会加法,能够总结或者集成其他小朋友的计算结果。一个系统工程就可以这样用并行算法完成了。

复旦大学数学科学学院　吴宗敏

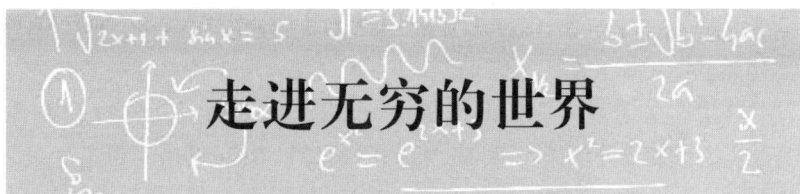

走进无穷的世界

引言

人类对无穷的认识，经历了漫长的历史时期。早在大约公元前450年，古希腊有一位名叫芝诺（Zeno，前490—前425）的学者，曾提出过若干个在数学发展史上产生重大影响的悖论，"阿基里斯（Achilles，希腊神话中的英雄）追赶乌龟"即是其中最著名的一个。

设乌龟在阿基里斯前面 s_1 米处向前爬行，阿基里斯在后面追赶，当阿基里斯花了 t_1 秒时间跑完 s_1 米时，乌龟已向前爬了 s_2 米；当阿基里斯再花 t_2 秒时间跑完 s_2 米时，乌龟又向前爬了 s_3 米……这样的过程可以一直继续，永无止境，因此阿基里斯永远也追不上乌龟。

显然，这一结论完全有悖于常识，是绝对荒谬的。但如何来解释这个悖论的荒谬之处呢？事实上，阿基里斯要追上乌龟，必须经过的时间为 $t_1+t_2+t_3+\cdots$，或跑过的路程为 $s_1+s_2+s_3+\cdots$，这是无穷多个数相加，在数学上称为"级数"。虽然是无穷多个数求和，但是它们的"和"却是一个有穷的数 t（或 s）。也就是说，阿基里斯在经过一定的时间（t 秒）、跑了一定的距离（s 米）后就追上了乌龟。芝诺的诡辩之处就在于把这有限的时间 t（或距离 s）分割成无穷段 t_1，t_2，…（或 s_1，s_2，…），然后一段一段地加以叙述，从而造成一种假象：这样"追-

"爬-追-爬"的过程将随时间的流逝而永无止境,由此得到阿基里斯永远追不上乌龟的错误结论。

悖论产生于人类认识的局限性,是人类思维所建立的理论与客观现实之间存在矛盾的一种表现形式,所以产生悖论是不可避免的。产生悖论——解决悖论——又产生新的悖论,是一个无穷反复的过程,也是数学思想获得发展的过程。为了消除悖论,只有提高认识水平,克服认识中的局限性。对数学而言,就是发展数学,使之更加完善。

有穷与无穷

我们在生活实践中遇到的事物个数都是有穷的,例如,一个学校的学生个数是有穷的,一个城市乃至一个国家的人口数也是有穷的。但是在数学上经常会遇到无穷的情况,例如,自然数的个数是无穷的,有理数的个数是无穷的,一条直线上的点的个数是无穷的,等等。

由于人们在生活实践中遇到的事物个数都是有穷的,人们的思维局限在有穷的范围中,也就往往习惯于从有穷来考虑问题,一旦遇到无穷的概念,常识就会出错,甚至连专家学者也免不了会犯错误。如古希腊数学家欧几里得(Euclid,约前330—前275)在他的名著《几何原本》中提出一个公理:"整体大于部分",但是意大利物理学家伽利略(Galieo Galilei,1564—1642)指出:正整数与平方数一样多。换言之,在无穷的情况下,整体不一定大于部分。

我们再来看一个著名的"希尔伯特旅馆"问题:有一天,某旅馆的房间都住满了客人(即每个房间都住进了一位客人),这时又来了一位客人,问他是否还能住进去?

答案是如果房间数有限,则新来的客人是无法住进去的;但如果房间数是可列无穷多(即全部房间可排列成1号房,2号房,3号房,……,直至无穷,这样的旅馆被称为"希尔伯特旅馆"),则新来的客人可以住进去。方法是这样的:让住1号房的客人住到2号房去,让住

2号房的客人住到 3 号房去，依此类推，让住 n 号房的客人住到 $n+1$ 号房去，直至无穷，这样空出来的 1 号房就可以让新来的客人住了。

按照上述办法，我们还可以进一步断言，即使新来 2 位、3 位、100 位，甚至可列无穷多位客人，我们都有办法让他们全住进去，使原来的客人与新来的客人每人都住一个房间，而不会有人没房间住（请读者思考理由）。

集合之间元素的一一对应

研究两个集合之间元素多少这类问题，属于数学中集合论的范畴。一个重要的研究工具就是集合之间元素的一一对应概念：如果两个集合之间的元素可以建立一一对应（例如，一个学校里全体学生的集合与全部学号的集合就是一一对应的），我们就认为这两个集合的元素一样多，在数学上我们称这两个集合的"势"相等。反过来，如果两个集合的"势"相等，则两个集合的元素之间一定可以建立一一对应。

当两个集合的"势"相等时，如果它们是**有限集**（即元素个数有穷的集合），则它们的元素个数一定相等，都等于某个自然数；如果集合不是有限集（我们称为**无限集**），则可能会出现一个集合与它的真子集一一对应，就如伽利略所指出的"正整数与平方数一样多"的情况，其中平方数集合是正整数集合的真子集，但它们的元素之间可以建立如下的一一对应：正整数集合中的每个数与平方数集合中该数的平方构成对应。换言之，平方数集合与正整数集合的"势"是相等的。

可列集

在无限集中，最基本的集合是**可列集**。所谓可列集，是指可以排成一列的无穷集合，换言之，就是可以与正整数集合一一对应的集合。

可列集是最小的无限集，因为从任意一个无限集中我们都可以逐次取出元素来，这个过程可以永远进行下去（请思考为什么这个过程不会终止），从而可以取出一个可列集。换言之，任何无限集都包含可列子集。

我们先介绍几个常见的无限集：$\mathbf{N}$ 表示自然数集合；$\mathbf{N}^+$ 表示正整数集合，$\mathbf{Z}$ 表示整数集合，$\mathbf{Q}$ 表示有理数集合，$\mathbf{R}$ 表示实数集合。

显然，自然数集合 $\mathbf{N}$ 和正整数集合 $\mathbf{N}^+$ 都是可列集。

命题 1：两个可列集之并是可列集（从而有限个可列集之并是可列集）。

证：设集合 $X = \{x_1, x_2, x_3, \cdots, x_n, \cdots\}$，集合 $Y = \{y_1, y_2, y_3, \cdots, y_n, \cdots\}$，则集合 $X \bigcup Y$ 可以表示为 $\{x_1, y_1, x_2, y_2, x_3, y_3, \cdots, x_n, y_n, \cdots\}$，所以 $X \bigcup Y$ 是可列集。

由此可知整数集合 $\mathbf{Z}$ 是可列集，因为整数集合 $\mathbf{Z}$ 是自然数集合与负整数集合的并。

下面我们证明有理数集合 $\mathbf{Q}$ 是可列集。为证明集合 $\mathbf{Q}$ 可列，我们需要下述命题。

命题 2：可列个可列集之并是可列集。

证：设对任意 $n \in \mathbf{N}^+$，A_n 是可列集，将 A_n 表示为

$$A_n = \{x_{n1}, x_{n2}, x_{n3}, \cdots, x_{nk}, \cdots\},$$

则 $\bigcup\limits_{n=1}^{\infty} A_n$（表示可列个集合之并）的元素全体可排成如图 1 所示的无穷方块阵：

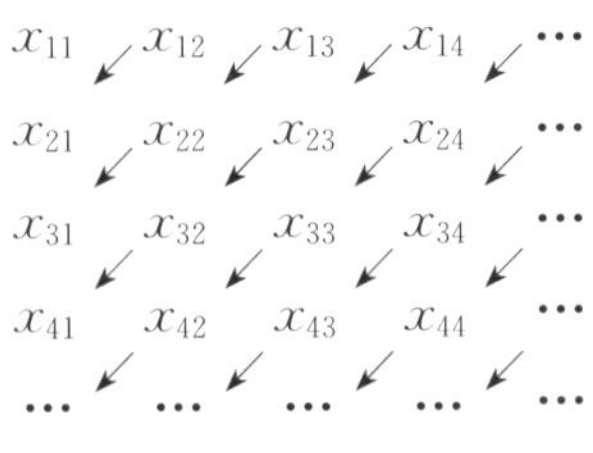

图 1

把所有这些元素排成一列的规则可以有许多，常用的一种称为

对角线法则：从左上角开始，顺着逐条"对角线"（图 1 中箭头所示）将元素按从右上至左下的次序排列，也就是把所有的元素排列成

$$x_{11}，x_{12}，x_{21}，x_{13}，x_{22}，x_{31}，x_{14}，x_{23}，x_{32}，x_{41}，\cdots，$$

这样的规则使无穷方块阵中的全部元素排成一列，而且保证不会遗漏一个元素。

命题 3：有理数集合 **Q** 是可列集。

证：由于区间 $(-\infty,+\infty)$ 可以表示为可列个区间 $(n,n+1]$ $(n\in$ **Z**) 的并，我们只需证明区间 $(0,1]$ 中的有理数是可列集即可。

由于区间 $(0,1]$ 中的有理数可唯一地表示为既约分数 $\dfrac{q}{p}$，其中 $p\in$ **N**$^+$，$q\in$ **N**$^+$，$q\leqslant p$，并且 p,q 互质，我们按下列方式排列这些有理数：

分母 $p=1$ 的既约分数只有一个，　　$x_{11}=1$；

分母 $p=2$ 的既约分数也只有一个，　$x_{21}=\dfrac{1}{2}$；

分母 $p=3$ 的既约分数有两个，　　　$x_{31}=\dfrac{1}{3}$，$x_{32}=\dfrac{2}{3}$；

分母 $p=4$ 的既约分数也只有两个，$x_{41}=\dfrac{1}{4}$，$x_{42}=\dfrac{3}{4}$；

……

一般地，分母 $p=n$ 的既约分数至多不超过 $n-1$ 个，可将它们记为 $x_{n1}，x_{n2}，\cdots，x_{nk(n)}$，其中 $k(n)\leqslant n-1$。

于是，区间 $(0,1]$ 中的有理数全体可以排成

$$x_{11}，x_{21}，x_{31}，x_{32}，x_{41}，x_{42}，\cdots，x_{n1}，x_{n2}，\cdots，x_{nk(n)}，\cdots。$$

这就证明了有理数集 **Q** 是可列集。

在集合论中还有一个概念称为"测度"，它反映了一个实数集合在数轴上所占据空间的大小，或者说是占据了多少"长度"。那么把所有的有理数排成一排，"长度"为多少呢？我们有下面的结论。

命题 4：有理数集合 **Q** 的测度为零。

证：因为有理数集合是可列集，记 r_1，r_2，r_3，$\cdots$，r_n，$\cdots$ 是全体有理数的一个排列，则对任意给定的 $\varepsilon > 0$，取一列开区间 I_1，I_2，I_3，$\cdots$，I_n，$\cdots$，使得 I_n 的长度为 $\dfrac{\varepsilon}{2^n}$，且 $r_n \in I_n (n = 1, 2, 3, \cdots)$，则开区间列 I_1，I_2，I_3，$\cdots$，I_n，$\cdots$ 盖住了全体有理数，而这列开区间的长度之和为 ε。由于 ε 可以任意小，可知所有的有理数排成一排，"长度"（测度）为零。

素数集合

我们再来讨论一个正整数集合的子集，即素数集合

$$\{2, 3, 5, 7, 11, 13, 17, \cdots\}。$$

素数是数论研究的重要内容，关于素数的规律，人类有许多猜想，至今还有不少猜想既没有被证明，也没有被否定，如哥德巴赫猜想、孪生素数问题等。数学家欧拉（Leonhcerd Euler，1707—1783）曾经说过：一直以来，数学家总是在孜孜不倦地寻找素数的规律，但是很难成功。我们可以把素数看作人类无法参透的奥秘。

通过分析，我们能够发现素数在正整数中的分布是很不规则的，而且随着正整数越来越大，素数的密度就越来越稀。下面我们问一个问题，是否正整数大到一定的程度，就没有素数了呢？答案是否定的。换言之，素数集合是无穷的（从而可知素数集合也是可列集）。关于这一命题，古希腊数学家欧几里得在他的《几何原本》中用反证法给出了一个漂亮的证明。

命题 5：素数的个数无穷。

证：大于 1 的正整数包括素数与合数，素数只能被 1 与本身整除，合数是除了 1 与本身之外，至少还能被一个素数整除的数。如果素数有限，设它们的全体为 p_1，p_2，$\cdots$，p_n。现构造一个数

$p_1 \cdot p_2 \cdot \cdots \cdot p_n + 1$，显然它比每个素数都大，而且它不能被任意一个素数整除，那么，它是素数还是合数呢？如果它是素数，则与素数全体为 p_1，p_2，$\cdots$，p_n 矛盾；如果它是合数，则因为它不能被任意一个素数整除，也产生矛盾。所以素数个数一定是无穷多个。

数学史上的第一次危机

公元前 5 世纪，古希腊毕达哥拉斯学派对数学有深入的研究，最著名的结果是关于直角三角形的毕达哥拉斯定理（又称为勾股定理）。该学派最基本的学说是"万物皆数"，即认为世界上一切事物都可归结为"数"，这里的"数"是指有理数。他们研究数学的出发点是"任何两条线段都是可公度的"。所谓"任何两条线段都是可公度的"，是指对任意两条长度为 l_1 与 l_2 的线段，一定存在长度为 l 的线段，使得 $l_1 = ml$，$l_2 = nl$，其中 m，n 是正整数。这个命题等价于 $\dfrac{l_1}{l_2} = \dfrac{m}{n}$，换言之，任意两条线段长度之比是有理数。但是后来毕达哥拉斯学派自己认识到这个命题是错误的，因为他们发现了正五边形的对角线与边长不可公度。为简单起见，下面我们证明正方形对角线与边长不可公度。

由勾股定理，正方形对角线长与边长之比是一个平方等于 2 的数，我们记它为 $\sqrt{2}$。下面用反证法证明 $\sqrt{2}$ 不是有理数。

命题 6：$\sqrt{2}$ 不是有理数。

证：采用反证法。假设 $\sqrt{2} = \dfrac{n}{m}$，其中 m，n 互质，则可以得到 $n^2 = 2m^2$，即 n 是偶数；令 $n = 2k$，则又可以得到 $m^2 = 2k^2$，即 m 也是偶数，与假设 m，n 互质矛盾，由此可知 $\sqrt{2}$ 不是有理数。

数学家把不是有理数的数称为**无理数**，而把全体有理数和无理数合并在一起得到的集合称为实数集合，记为 **R**。

"任何两条线段都是可公度的"这一错误命题,从根本上对毕达哥拉斯学派"万物皆数"学说形成冲击,从而导致数学史上的第一次危机。

毕达哥拉斯学派是一个宗教形式的组织,他们极力掩盖事实,甚至想将公布这一事实的学者葬身海底。他们希望通过回避"任何两条线段都是可公度的"这一错误出发点来化解危机,但是这一危机不是局部的、表面的,而是全局的、本质的。这一危机直到 19 世纪实数理论建立以后才得到根本的解决。

实数集合 R 不可列

下面我们证明实数集合 **R** 的一个重要性质,即实数集合不可列。

命题 7:实数集合 **R** 不可列。

证:我们只需要证明区间 $[0,1)$ 中的实数是不可列的。先将区间 $[0,1)$ 中的实数表示成无限小数,注意无限小数 $0.a_1a_2\cdots a_p000\cdots$ $(a_p \neq 0)$ 与无限小数 $0.a_1a_2\cdots(a_p-1)999\cdots$ 是相等的。为了保持表示的唯一性,我们约定在无限小数表示中不出现后者。这样,区间 $[0,1)$ 中的任何一个实数就可以由一个确定的无限小数来表示。

我们采用反证法。假设区间 $[0,1)$ 中的实数可排列成 x_1,x_2,$\cdots$,x_n,$\cdots$,然后证明一定能找出区间 $[0,1)$ 中的一个实数,它不在这个序列中,这就说明区间 $[0,1)$ 中的实数太多了,无法排成一列。换言之,实数集合不可列。

设

$$x_1 = 0.a_{11}a_{12}a_{13}a_{14}\cdots,$$
$$x_2 = 0.a_{21}a_{22}a_{23}a_{24}\cdots,$$
$$x_3 = 0.a_{31}a_{32}a_{33}a_{34}\cdots,$$
$$\cdots\cdots$$
$$x_k = 0.a_{k1}a_{k2}a_{k3}a_{k4}\cdots,$$
$$\cdots\cdots$$

取 $b = 0.b_1 b_2 b_3 \cdots b_k \cdots$，$0 \leqslant b_i \leqslant 9$，$i-1, 2, 3, \cdots$，其中 $b_1 \neq a_{11}$（说明 $b \neq x_1$），$b_2 \neq a_{22}$（说明 $b \neq x_2$），$b_3 \neq a_{33}$（说明 $b \neq x_3$），$\cdots$，$b_k \neq a_{kk}$（说明 $b \neq x_k$），$\cdots$（只要求不把全部的 b_i 都取为 9），则 b 必在区间 $[0, 1)$ 中，但不在 $x_1, x_2, \cdots, x_n, \cdots$ 这个序列中。

上述方法称为康托（Georg Ferdinand Ludwig Philipp Cantor, 1845—1918）对角线法。康托是德国数学家，是集合论的创始者。

有理数集合与实数集合的势

前面我们讲过，如果两个集合（的元素）之间能建立一一对应关系，则称这两个集合的"势"相等。有理数集合与可列集之间可以建立一一对应，所以它们的"势"相等；有理数集合与实数集合之间不能建立一一对应，它们的"势"不相等。

我们把可列集的势定义为"阿列夫零$\aleph_0$"，把实数集的势定义为"阿列夫$\aleph$"（$\aleph_0$ 与 $\aleph$ 是希伯来文字）。所以有理数集合的势为"阿列夫零$\aleph_0$"。由于无理数集合能与实数集合建立一一对应（见下面的例题 3），无理数集合的势为"阿列夫$\aleph$"。

下面我们举例说明如何建立两个无限集之间的一一对应。

例题 1：求实数集合 $(-1, 1)$ 与 $(-\infty, +\infty)$（即 **R**）之间的一一对应。

解：函数 $y = \tan\left(\dfrac{\pi}{2}x\right)$ 的定义域为 $(-1, 1)$，值域是 $(-\infty, +\infty)$，它是一个严格单调函数，所以它建立了 $(-1, 1)$ 与 $(-\infty, +\infty)$ 之间的一一对应。

例题 1 说明区间 $(-1, 1)$ 中的实数与全体实数的个数一样多，所以区间 $(-1, 1)$ 中的实数全体的"势"也是"阿列夫$\aleph$"。

例题 2：求开区间 $(0, 1)$ 与闭区间 $[0, 1]$ 中实数之间的一一对应。

解：要找如例题 1 的由初等函数建立的一一对应是不行的。我们采用如下方法:在开区间(0，1)中任取可列无穷多个数,记为 x_1，x_2，x_3，$\cdots$，x_n，$\cdots$,然后让 x_1 与 0 对应,x_2 与 1 对应,再让 x_3 与 x_1 对应,x_4 与 x_2 对应,$\cdots$，x_{n+2} 与 x_n 对应,$\cdots$,一直对应下去。至于 x_1，x_2，x_3，$\cdots$，x_n，$\cdots$以外的数,让它们自己与自己对应,这样我们就得到了开区间(0，1)与闭区间[0，1]实数之间的一一对应。

我们已经知道实数全体不可列,这一事实蕴含了无理数全体也是不可列的,也就是无理数全体与有理数全体之间不能建立一一对应。因为如果无理数全体可列,由于实数集合是无理数全体与有理数全体之并,就与实数集合不可列矛盾。

下面我们讨论实数全体与无理数全体是否可以建立一一对应。

例题 3:求实数全体与无理数全体之间的一一对应。

解:我们已经知道有理数集合 **Q** 可列,设 **Q** $= \{r_1, r_2, r_3, \cdots, r_n, \cdots\}$。

在无理数集合中任取一个可列子集 $X = \{x_1, x_2, x_3, \cdots, x_n, \cdots\}$,则 **Q** $\bigcup$ **X** 也是可列集,于是可以构造集合 **X** 与集合 **Q** $\bigcup$ **X** 之间一一对应,而至于 **Q** $\bigcup$ **X** 以外的数,则让它们自己与自己对应,这样我们就得到了实数全体与无理数全体之间的一个一一对应。由此可知无理数集合的"势"也是"阿列夫ℵ"。

代数数与超越数

我们已经知道,有理数之外还有无理数,如 $\sqrt{2}$，$\sqrt[3]{5}$，$\sqrt{2}+\sqrt{3}$，等等,我们还知道 $\sqrt{2}$ 是代数方程 $x^2 - 2 = 0$ 的解,$\sqrt[3]{5}$ 是代数方程 $x^3 - 5 = 0$ 的解,$\sqrt{2}+\sqrt{3}$ 是代数方程$(x^2 - 5)^2 = 24$ 的解(因为$((\sqrt{2}+\sqrt{3})^2 - 5)^2 = 24$)。由此容易想到,如果构造一个集合,把所有这些整系数代数方程的解都包含进来,是否就能得到实数全体了呢?

我们称

$$a_n x^n + a_{n-1} x^{n-1} + \cdots + a_0 = 0$$

为 n 次整系数代数方程,其中方程的系数 a_0, a_1, a_2, $\cdots a_n$ 为整数,且没有公因子。整系数代数方程的解称为**代数数**。

代数数全体包含有理数全体,因为 $\dfrac{n}{m}$ 是代数方程 $mx - n = 0$ 的解。

显然代数数集合比有理数集合大得多,于是就有以下的问题:代数数集合是否与实数集合的"势"一样呢?答案又是否定的。

命题 8:代数数可列。

证:定义整系数代数方程 $a_n x^n + a_{n-1} x^{n-1} + \cdots + a_0 = 0$ 的"高度"为

$$h = (n-1) + |a_n| + |a_{n-1}| + \cdots + |a_0|,$$

则高度为 1 的代数方程只有 1 个 $x = 0$;高度为 2 的代数方程只有 $x \pm 1 = 0$, $2x = 0$, $x^2 = 0$ 等 4 个;依此类推,高度固定的代数方程只有有限个,而每个代数方程的解也只有有限个,所以高度固定的代数方程的解为有限集。由于可列个可列集之并是可列集,可列个有限集之并必定是可列集,由此可知代数数集合也是可列集,此结果由德国数学家康托(Georg Ferdinand Ludwing Philipp Cantor,1845—1918)于 1874 年得到。

非代数数的实数称为**超越数**。由于代数数可列,可知超越数是不可列集,它的势大于可列集的势!关于有理数、代数数与超越数,有数学家做了如下的描述:如果把实数比喻为茫茫夜空,则有理数(或代数数)就如同茫茫夜空中的星星!

如果用刀去切数轴,在下面的意义下,我们称切到有理数(或代数数)的概率是零:设用刀去切数轴 n 次,用切到有理数(或代数数)的次数除以 n,当 n 趋于无穷大时,该商的极限为 0。

数学家寻找超越数的历史

数学家从理论上证明了超越数的存在,而且知道超越数比代数数多得多,但是对超越数的了解却非常少,而且寻找超越数的过程非常困难。

1851 年,法国数学家刘维尔(Joseph Liouville,1809—1882)首先找到了一个超越数:$\sum_{k=1}^{\infty} \frac{1}{10^{k!}}$;1873 年,法国数学家埃米特(Charles Hermite,1822—1901)证明了自然对数的底数 e 是超越数;后来,在埃米特工作的基础上,数学家陆续得到了以下一系列结果:

设 $a \neq 0$ 是实的代数数,则 e^a 是超越数。该结论包含了 e 是超越数。后来又进一步得到:设 $a \neq 0$ 是复的代数数,则 e^a 也是超越数(即不是整系数代数方程的解)。由于 $e^{2\pi i} = 1$,可知 π 也是超越数,这一结果是由德国数学家林德曼(Carl Louis Lindemann,1852—1939)于 1882 年得到的。

进一步的结果还有:

设 $a \neq 0$,1 是代数数,b 是代数无理数,则 a^b 是超越数;

若椭圆的长、短半轴是代数数,则椭圆的周长是超越数;

双纽线 $(x^2 + y^2)^2 = 2(x^2 - y^2)$ 的周长是超越数;

区域 $\{(x, y) \mid |x|^{\frac{1}{a}} + |y|^{\frac{1}{\beta}} < 1\}$ 的面积是超越数,其中 α,β 是非整数有理数;

连分数 $1 + \cfrac{1}{2 + \cfrac{1}{3 + \cfrac{1}{\ddots}}}$ 是超越数,等等。

化圆为方问题

化圆为方问题是古希腊著名的初等几何三大世界难题之一,要解决这一问题,需要对给定的单位长度的线段,利用圆规与直尺作出长度为 $\sqrt{\pi}$ 的线段。但是数学家发现,可以用圆规与直尺作出的线段,其长度只能是自然数经过有限次加、减、乘、除与开平方所得到的数。换言之,可以用圆规与直尺作出的线段长度,必定是某个整系数代数方程的解。既然 π 不是代数数,而是超越数,从而 $\sqrt{\pi}$ 也是超越数,它不可能是某个整系数代数方程的解,因此化圆为方问题是不能用直尺与圆规解决的。这个问题从提出到解决,数学家花了 2 300 多年的时间。

一个特殊的集合——康托集

最后我们介绍在集合论中一个非常著名的集合,称为康托集,它的测度为零,但它与实数集合的“势”相等。

我们采取挖掉“三分中段”的方法(即三等分后挖掉中间一段):先从闭区间 $[0,1]$ 中挖掉开区间 $\left(\frac{1}{3},\frac{2}{3}\right)$,再从余下的闭区间 $\left[0,\frac{1}{3}\right]$ 和 $\left[\frac{2}{3},1\right]$ 中挖掉开区间 $\left(\frac{1}{9},\frac{2}{9}\right)$ 和 $\left(\frac{7}{9},\frac{8}{9}\right)$,然后再从余下的闭区间 $\left[0,\frac{1}{9}\right]$,$\left[\frac{2}{9},\frac{1}{3}\right]$,$\left[\frac{2}{3},\frac{7}{9}\right]$ 和 $\left[\frac{8}{9},1\right]$ 中挖掉开区间 $\left(\frac{1}{27},\frac{2}{27}\right)$,$\left(\frac{7}{27},\frac{8}{27}\right)$,$\left(\frac{19}{27},\frac{20}{27}\right)$ 和 $\left(\frac{25}{27},\frac{26}{27}\right)$,这个过程可以一直进行下去,最后留下来的集合称为康托集。

首先,康托集不是空集,因为至少上面所有区间的端点都是属于康托集的。

其次,从 $[0,1]$ 闭区间中挖走的一列开区间的长度之和为

$$\frac{1}{3}+2\cdot\left(\frac{1}{3}\right)^2+4\cdot\left(\frac{1}{3}\right)^3+8\cdot\left(\frac{1}{3}\right)^4+\cdots$$
$$=\frac{1}{3}+\frac{1}{3}\cdot\frac{2}{3}+\frac{1}{3}\cdot\left(\frac{2}{3}\right)^2+\frac{1}{3}\cdot\left(\frac{2}{3}\right)^3+\cdots$$
$$=\frac{1}{3}\cdot\frac{1}{1-\frac{2}{3}}=1,$$

由此可知康托集的测度为零。

最后我们说明康托集与 $[0，1]$ 区间上实数集合的"势"相等。可以这样来看：把 $[0，1]$ 区间中的数写成三进制的小数，则第一次挖掉区间 $\left(\dfrac{1}{3}，\dfrac{2}{3}\right)$，相当于把三进制小数第一位是 1 的数全挖掉了；第二次挖掉区间 $\left(\dfrac{1}{9}，\dfrac{2}{9}\right)$ 和 $\left(\dfrac{7}{9}，\dfrac{8}{9}\right)$，相当于把三进制小数第二位是 1 的数全挖掉了；第三次挖掉区间 $\left(\dfrac{1}{27}，\dfrac{2}{27}\right)$，$\left(\dfrac{7}{27}，\dfrac{8}{27}\right)$，$\left(\dfrac{19}{27}，\dfrac{20}{27}\right)$ 和 $\left(\dfrac{25}{27}，\dfrac{26}{27}\right)$，相当于把三进制小数第三位是 1 的数全挖掉了；依此类推，我们得到康托集就是三进制小数表示中只出现 0 与 2 两个数字的点集。如果我们把 $[0，1]$ 区间上实数全体写成二进制小数，就容易理解康托集与 $[0，1]$ 区间上的实数集合是一一对应的，所以它们的"势"相等。

复旦大学数学科学学院　陈纪修

最速降线与旋轮线

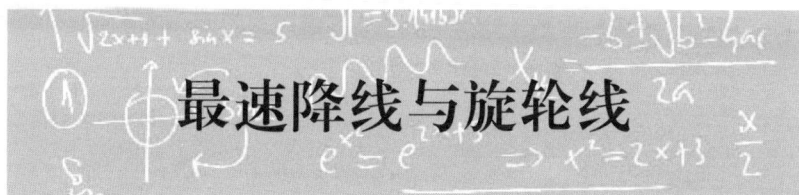

跌宕起伏的过山车的盘旋轨道、风雨洗礼的上翘屋檐的瓦楞、满载欢乐的滑梯的蜿蜒滑道……这些饱含着"速度与激情"的运动曲线，蕴涵着诡秘莫测的数学原理。这就是旋轮线，也称为最速降线、摆线、等时曲线，它是一条充满着传奇故事的几何曲线。

建造过山车的工程师，总要绞尽脑汁在有限的垂直下降距离里，尽快达到最高速，挑战刺激的极限（见图1）。

图1

在滑板溜碗赛场上,经验丰富的选手知道:滑出一道最速降线的轨迹,可以得到最大加速(见图2)。

图2

留意故宫屋顶的瓦楞线条(见图3),不难察觉到当初设计者的意图是要找一条曲线,使得水珠沿着它落下时下落最快,对屋顶造成的

图3

侵蚀最小。尽管当时的人们并不知道最优曲线确切的表达式，但是已经在实践中反复摸索出最速降线。

生活中处处可见的最速降线是一条充满速度与激情的运动曲线，也是一条充满传奇故事的几何曲线。

一、充满传奇色彩的最速降线

在科学馆里，我们发现这样的实验装置（见图4）：在一个斜面上，摆两条轨道，一条是直线，一条是曲线，起点高度以及终点高度都相同。两个质量、大小一样的小球同时分别从两个起点向下滑落，曲线的小球反而先到终点。仔细分析发现，这是由于曲线轨道上的小球先达到最高速度，因此先到达。然而，两点之间的直线只有一条，曲线却有无数条，哪一条才是最快的呢？

图4

1630年意大利科学家伽利略（Galileo Galilei，1564—1642）提出一个分析学的基本问题：一个质点在重力作用下，从一个给定点到不在它垂直下方的另一点（见图5），如果不计摩擦力，问沿着什么曲线滑下所需时间最短？这就是著名的"最速降线问题"（problem of

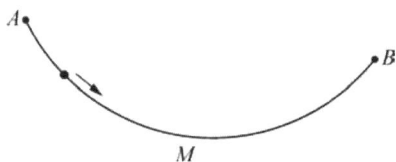

图 5

brachistochrone）。

1638 年，伽利略在著作《论两种新科学》中认为此线是圆弧，但后来人们发现这个答案是错误的。

1696 年瑞士数学家约翰·伯努利（Johann Bernocelli，1667—1748）在《教师学报》上再次就最速降线问题向全欧洲的数学家提出挑战。约翰提出的挑战很精彩，设想在地面上不同高度的两点 A 和 B，并且不要让其中一点直接位于另一点的正上方。连接这两个点，可以作出无限多的不同曲线，从直线、圆弧线到其他任意曲线。现在设想有一个球沿着一条曲线从点 A 滚向较低的点 B。当然，球滚完全程所需要的时间取决于曲线的形状。挑战是找出一条曲线 AMB，使球沿这条曲线滚完全程所用的时间最短。他称这条曲线为"最速降线"（brachistochrone），即由希腊语中的"最短"（brochistos）和"时间"（chronos）两个词合成而来。

为确保不会使人误解这道难题，约翰又重复了一遍："在连接已知两点的无限多曲线中……选择一条曲线，如果用一根细管或细槽代替这条曲线，把一个小球放入细管或细槽中，放手让它滚动，那么，小球将以最短的时间从一点滚向另一点。"

显然，人们的第一个猜想是连接 A，B 两点作直线 AB。但是，约翰对试图采用这一过于简单化的方法提出了警告："……不要草率地作出判断，虽然直线 AB 的确是连接 A，B 两点的最短线路，但它却不是所用时间最短的路线。曲线 AMB 则是几何学家所熟知的一条曲线。如果在年底之前还没有其他人能够发现这一曲线，我将公布这条曲线的名称。"

约翰原定于 1697 年 1 月 1 日向数学界公布答案，可是到最后期限截止时，他只收到《教师学报》杂志主编、他的老师莱布尼兹（Gottfried Wilhelm Leibniz，1646—1716）寄来的一份答案。在莱布尼兹的要求下,他将最后期限延长全复活节,以便让数学家们有充足的时间来解决这道难题。

"最速降线问题"的困难在于和以往的极大值、极小值的求法不同,它是要求出一个未知函数(曲线)来满足所给的条件,而17世纪之前的数学理论对此并未涉及。全欧洲的数学家们都被这个挑战的新颖和别出心裁所吸引,纷纷投入对该问题的求解,因为他们意识到这个问题的解决很有可能推动一门全新数学理论的形成。后来的事实也的确证明了这一点。

在问题中约翰还暗示了他所挑战的对象,他写道:"……很少有人能够解出我们独特的问题,即使那些自称通过特殊方法……不仅深入探究了几何学的秘密,而且还以一种非凡的方式拓展了几何学领域的人。这些人自以为他们的伟大定理无人知晓,其实早已有人将它们发表过了。"还有谁能怀疑他所说的"定理"就是指流数法、他所蔑视的目标就是牛顿(Isaac Newton,1642—1727)呢? 牛顿曾宣称早在莱布尼兹1684年发表微积分论文之前就已发现了这一理论。而莱布尼兹正是约翰的老师,约翰以一种近于惊人的执着支持着莱布尼兹。无疑,约翰的挑战目标非常明确,并且他把"最速降线问题"抄了一份,亲自装进信封寄往英国。

那时的牛顿正在忙于英国造币局的事务,而且正如他自己所承认的那样,他的头脑已不似20年前全盛时期那样机敏。当时牛顿与他的外甥女凯瑟琳一起住在伦敦。凯瑟琳记述了这样的故事:"1697年的一天,收到伯努利寄来的问题时,牛顿爵士正在造币局里忙着改铸新币的工作,很晚才精疲力尽地回到家里,但是,直到解出这道难题,他才上床休息,这时,正是凌晨4点钟。"即使是在晚年,并且是在经过一天紧张的工作而感到精疲力竭的情况下,牛顿仍然成功地解出了众多欧洲人都未能解出的难题! 由此可见这位英国伟大天才的实力。他清楚地感觉到自己的名望与荣誉都受到了挑战,伯努利和莱布尼兹毕竟都还在急切地等待着公布他们自己的答案。因此,牛顿当仁不让,仅仅用几个小时就解出了这道难题。然而,牛顿有些被激怒,据说他曾说过:"在数学问题上,我不喜欢……给外国人……戏弄。"

很快,1697 年的复活节来临,挑战期限截止。约翰一共收到了 5 份答案,其中当然包括他自己的答案和莱布尼兹的答案。他的哥哥雅各布(Jakob Bernoulli,1654—1705)寄来了第三份答案(这也许会使约翰感到沮丧,因为他们兄弟俩都视对方为强劲竞争对手,为了胜出对方一筹而不断斗力),洛必达侯爵(L'Hospital,1661—1704)则寄来了第四份答案。最后寄来的答案信封上盖着英国的邮戳。约翰打开后,发现答案虽然是匿名的,但却完全正确。他显然遇到了他的对手牛顿。答案虽然没有署名,却明显出于这位绝顶天才之手。据说(或许不尽可靠,但却非常有趣),约翰半是羞恼、半是敬畏地放下这份匿名答案,会意地说:"我从他的利爪认出了这头狮子。"

于是约翰在当年第 6 期《教师学报》公布了众人的解答,他们每个人所求得的曲线都是连接 AB 两点的上凹的一段旋轮线,而这的确"是几何学家所熟知的一条曲线"。我们注意到,帕斯卡和惠更斯就曾研究过这一重要曲线,但他们谁也没有认识到旋轮线还是一条最快的下降曲线。约翰以一种夸张的口吻写道:"……如果我明确说出惠更斯的……这一旋轮线就是我们所寻求的最速降线,你们一定会惊呆了。"

之所以说"最速降线问题"是数学史上最激动人心的一次公开挑战,首先在于参与挑战的人数众多,最后得出正确结果的人在数学史上都赫赫有名。牛顿、莱布尼兹各自独立地创立了微积分;科学世家伯努利家族在数学与科学上的地位,正如巴赫家族在音乐领域的地位一样显赫,而伯努利兄弟二人正是该家族中的杰出人物;洛必达年幼时就显露出其数学天才,以 15 岁之龄解答出帕斯卡的"摆线难题",1691 年末至 1692 年 7 月期间师从约翰·伯努利学习微积分,其著作《阐明曲线的无穷小分析》中直观意念来自其导师约翰的洛必达法则,更是大大地减低微分运算的难度。

尽管答案都是旋轮线,但 5 个人的解法各有千秋。约翰的解法应该是最漂亮的,类比了费马原理,巧妙地将物理和几何方法融合在一起,用光学的思想一下就做出来了。雅各布的解法虽然麻烦与费劲,却更为一般化,真正体现了变分思想。而牛顿、莱布尼兹、洛必达等人都是用他们所擅长的微积分法解出,但具体步骤各不相同。

由于雅各布的解法体现出变分的思想,且更一般化,约翰的学生、大数学家欧拉(Leonhard Euler,1707—1783)也开始关注这个问题,并从 1726 年起开始发表相关的论著,于 1744 年最先给出这类问题的普遍解法,最终创立了变分法这一新的数学分支。变分法应用广泛,从肥皂泡到相对论,在诸如力学、电学、空气动力学、最优化控制和几何学中都有应用。可以说"最速降线问题"直接导致了变分学的诞生,这才是这次挑战的最大意义所在。

二、旋轮线

沿着直线前进的自行车,车轮上的打气嘴,它的轨迹运动轨迹是怎样的曲线(见图 6)? 这就是一个旋轮线的生活实例。

图6

一个圆在一条定直线上滚动时,圆周上一个定点的轨迹是怎样的?

物理上,一个圆沿一直线缓慢地滚动,则圆上一固定点所经过的轨迹称为直线上的旋轮线,简称旋轮线(cycloid),又称摆线(见图7)。

图 7

从数学的角度,考虑半径为 a 的圆,定点的初始位置为坐标原点 O,定直线为 x 轴。当圆滚动角 θ 以后,圆上定点从点 O 的位置到达点 P 位置(见图8),切点在圆上经过的距离与在直线上经过的距离相等,均为 $a\theta$。从而,P 的横坐标为 $a\theta - a\sin\theta$,纵坐标为 $a - a\cos\theta$。

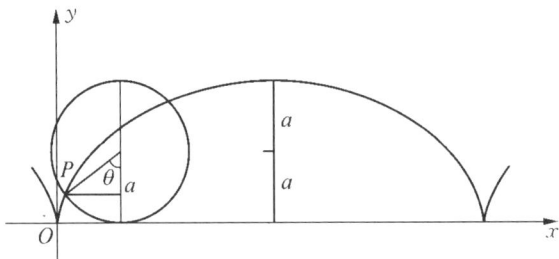

图 8

因此,此旋轮线的参数方程为

$$\begin{cases} x = a(\theta - \sin\theta), \\ y = a(1 - \cos\theta), \end{cases} \tag{1}$$

其中 a 为圆的半径,θ 是圆的半径所经过的角度(滚动角)。

当圆滚动一周,即 θ 从 0 变到 2π 时,动圆上定点 P 描画出旋轮线的第一拱;再向前滚动一周,动圆上定点描画出第二拱;继续滚动,可得第三拱、第四拱……所有这些拱的形状都是完全相同的,每一拱的拱高为 2a(即为圆的直径),拱宽为 2πa(即圆的周长)。

　　伽利略(Galileo Galilei,1564—1642)是最早注意到摆线的科学家之一,他在 1599 年曾经尝试以操作的方法,来计算摆线的一拱与其底线间的面积。他将轮子在一直线上滚动,实地描绘出摆线的一拱,然后利用相同的材料做成摆线的一拱以及滚动圆,在天平上称的结果发现摆线的一拱与 3 个滚动圆盘大致平衡,所以,摆线一拱的面积大约是滚动圆面积的 3 倍。不过,伽利略却觉得比值应该是无理数,所以,他猜测摆线一拱的面积是滚动圆面积的 π 倍。

　　摆线一拱的面积,是罗贝瓦尔(Gilles Persone de Roberval,1602—1675)在 1634 年最先求得的。他在 1638 年还找到摆线之切线的作法。约在同一时期,笛卡尔(René Descartes,1596—1650)与费马(Pierre de Fermat,1601—1655)也找到切线的作法。另外,罗贝瓦尔也讨论过摆线的一拱绕其底线旋转所得旋转体的体积。

　　就在罗贝瓦尔研究摆线有所成就的时候,伽利略的一位学生托里拆利(Evangelista Torricelli,1606—1647)也对摆线大感兴趣。1643 年,托里拆利发表了一篇名为"De Parabole"的作品,其中附带提到摆线的求积法与切线的作法,却没有提到罗贝瓦尔在他之前已经得出这两个结果。由于这个缘故,罗贝瓦尔曾在 1646 年写信谴责托里拆利窃取他人的研究成果。对于这件事,后世数学史家认为托里拆利是被冤枉了,因为罗贝瓦尔的成果直到 1693 年才发表。

　　1658 年,曾经在 4 年前就放弃数学转攻神学的天才数学家帕斯卡(Blaise Pascal,1623—1662)发生一件趣事。有天晚上,帕斯卡因牙痛而睡不着觉,为了想忘掉疼痛,就专心思考摆线的性质,想着想着,牙齿竟然不痛了,帕斯卡认为这是上帝在给他提示,表示他研究数学并没有惹上帝不高兴。于是,他全心投入来探讨摆线的性质,数天后他就获得一些与摆线有关的面积、体积与重心等方面的结果。

他将研究所得写成问题向当代数学家提出挑战,并且设置两个奖,还请罗贝瓦尔担任其中的一位评审人。也许因为没能公告给多数人知道,或是因为时间太紧迫了,这次悬赏行动只收到拉路维尔(Antoine de Lalouvire,1600—1664)与沃利斯(John Wallis,1616—1703)的响应,而且所送的解答中还有一些计算上的错误。所以,帕斯卡没有颁奖,只是将他自己的研究成果写成"Histoire de la Roulette"(摆线的历史)一文予以发表(当时的法国人将摆线称为"roulette")。结果与赛的两人因为没有被颁奖而不高兴,而意大利的数学家们则为帕斯卡在《摆线的历史》一文中没有提到托里拆利而不痛快。

就在沃利斯参加帕斯卡的挑战的同时,另一位英国人雷恩(Christopher Wren,1632—1723)将他所得的摆线弧长的求法寄给帕斯卡,这是帕斯卡不曾得到的结果。雷恩后来转行去研究物理与建筑,1666 年伦敦大火后,雷恩因为设计伦敦的圣保罗教堂而闻名于世。

17 世纪是人们对数学力学和数学运动学爱好的年代,在这一时期伴随着许多发现,也出现了众多有关发现权的争议、剽窃的指责,以及抹煞他人工作的现象。古希腊时代的特洛伊战争是以争夺世上最漂亮的女人海伦(Helen)为起因,导致以阿伽门农(Agamemnon)及阿喀琉斯(Achilles)为首的希腊军进攻以帕里斯及赫克托尔为首的特洛伊城带来的 10 年攻城战。摆线的研究成果曾经引起许多科学家的竞争与争吵,有人甚至把它比喻成特洛伊战争中的海伦,被贴上了引发争议的"金苹果"和"几何的海伦"(the Helen of geometry)的标签。

17 世纪时,人们就发现旋轮线具有如下性质:

(1)旋轮线一拱的长度等于旋转圆直径的 4 倍。尤为令人感兴趣的是,它的长度是一个不依赖于 π 的有理数。

(2)旋轮线一拱在弧线下的面积是旋转圆面积的 3 倍。

(3)旋轮线的等时性:当物体从一个摆线形状的容器的不同点

放开时,它们会同时到达底部(不考虑摩擦力)。

下面我们用简单的方法证明以上性质。

证:

(1)设动圆半径为 a,由上面的式(1)可知

$$\mathrm{d}x = a(1-\cos\theta)\mathrm{d}\theta, \ \mathrm{d}y = a\sin\theta\mathrm{d}\theta,$$

则弧长 s 的微分

$$\mathrm{d}s = \sqrt{(\mathrm{d}x)^2 + (\mathrm{d}y)^2} = \sqrt{a^2(1-\cos\theta)^2 + a^2\sin^2\theta}\,\mathrm{d}\theta$$
$$= a\sqrt{2(1-\cos\theta)}\,\mathrm{d}\theta = 2a\sin(\theta/2)\mathrm{d}\theta,$$

从而,当圆滚动一周,即 θ 从 0 变到 2π 时,旋轮线一拱的长度

$$\int_0^{2\pi} 2a\sin(\theta/2)\mathrm{d}\theta = -4a\cos(\theta/2)\Big|_0^{2\pi} = 8a。$$

(2)面积 A 的微分

$$\mathrm{d}A = y\mathrm{d}x = a(1-\cos\theta)\times a(1-\cos\theta)\mathrm{d}\theta = a^2(1-\cos\theta)^2\mathrm{d}\theta$$
$$= a^2(1-2\cos\theta+\cos^2\theta)\mathrm{d}\theta$$
$$= a^2\left(1-2\cos\theta+\frac{1+\cos2\theta}{2}\right)\mathrm{d}\theta = \frac{a^2}{2}(3-4\cos\theta+\cos2\theta)\mathrm{d}\theta,$$

从而,旋轮线一拱的面积

$$A = \int_0^{2\pi} \frac{a^2}{2}(3-4\cos\theta+\cos2\theta)\mathrm{d}\theta = \frac{a^2}{2}\left(3\theta-4\sin\theta+\frac{1}{2}\sin2\theta\right)\Big|_0^{2\pi}$$
$$= 3\pi a^2。$$

(3)设物体初始位置的纵坐标为 y_0,对应的角度参数为 θ_0,设物体在点 (x,y) 经过一小段路程 $\mathrm{d}s$ 所对应的时间为 $\mathrm{d}t$,由前面的计算可知

$$\mathrm{d}s = 2a\sin(\theta/2)\mathrm{d}\theta。$$

由物理学中的机械能守恒定律可知,物体达到点 (x,y) 的速率 v

满足

$$0 + mgy_0 = \frac{1}{2}mv^2 + mgy,$$

即 $\quad v = \sqrt{2g(y - y_0)} = \sqrt{2ag(\cos\theta_0 - \cos\theta)},$

其中 g 为重力加速度。因此

$$\mathrm{d}t = \frac{\mathrm{d}s}{v} = \frac{2a\sin(\theta/2)}{\sqrt{2ag(\cos\theta_0 - \cos\theta)}}\mathrm{d}\theta$$

$$= \frac{\sqrt{a}\sin(\theta/2)}{\sqrt{g[\cos^2(\theta_0/2) - \cos^2(\theta/2)]}}\mathrm{d}\theta。$$

注意到物体到达底部所对应的角度参数为 π,从而到达底部所需的时间即为

$$\int_{\theta_0}^{\pi} \frac{\sqrt{a}\sin(\theta/2)}{\sqrt{g[\cos^2(\theta_0/2) - \cos^2(\theta/2)]}}\mathrm{d}\theta$$

$$= -2\sqrt{\frac{a}{g}}\int_{\theta_0}^{\pi} \frac{\mathrm{d}[\cos(\theta/2)]}{\sqrt{\cos^2(\theta_0/2) - \cos^2(\theta/2)}}$$

$$= -2\sqrt{\frac{a}{g}}\arcsin\left(\frac{\cos(\theta/2)}{\cos(\theta_0/2)}\right)\Bigg|_{\theta_0}^{\pi} = \pi\sqrt{\frac{a}{g}}。$$

由此可见,此时间与物体的初始位置 y_0 或 θ_0 无关。

我们利用 Mathematica 程序绘制旋轮线。这里 a 是圆的半径,b 是固定点离圆心的距离,t 是旋转的角度。

```
a=2; b=1;
ParametricPlot[{a t - b Sin[t], a - b Cos[t]}, {t, 0, 6 Pi},
PlotStyle→Red]
```

三、最速降线与等时曲线

在中世纪航海时代,时间的掌握是关乎全船人生命安危的大事,

想要和大海搏斗,时间是不可或缺的因素。古时候是以沙漏、水钟来计时,但这些计时工具相当不准确。为了增加船员生存的机会,发明精确的计时器变成当时科学界的当务之急,对时间更高的测量要求成为当时科学界的重要问题。

那时在意大利有一位年青科学家伽利略,有一次在比萨斜塔处意外地发现一个有趣的现象:教堂的吊灯来回摆动时,不管摆动的幅度大还是小,每摆动一次用的时间都相等。当时,他是以自己的心跳脉搏来计算时间的。他曾用自制的滴漏来重新做单摆的试验,结果证明了单摆摆动的时间与摆幅没有关系,只与单摆摆线的长度有关。

伽利略的发现振奋了科学界,可是不久便发现单摆的摆动周期也不完全相等。原来,伽利略的观察和实验还不够精确。实际上,摆的摆幅愈大,摆动周期就愈长,只不过这种周期的变化很小,所以,如果用这种摆来制作时钟,摆的振幅会因为摩擦和空气阻力而愈来愈小,时钟也因此愈走愈快。

1673 年,荷兰科学家惠更斯(Christian Huygens,1629—1695)想要找出一条曲线,使钟摆沿着该曲线摆动时,摆动周期完全与摆幅无关。他们放弃了物理实验,纯粹往数学曲线上去研究,终于找到了这条曲线,这条曲线与最速降线的数学表达式一致,那时他们把这种曲线叫做"摆线"(见图 9),也叫"等时曲线"。因此,最速降线、摆线、等时曲线与旋轮线是一致的。

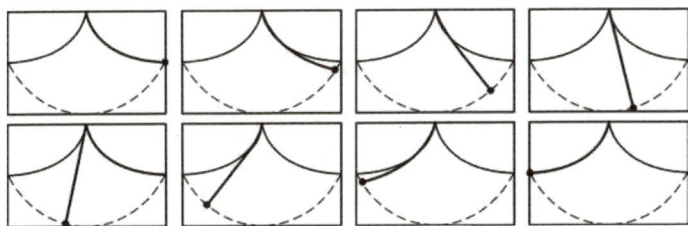

图 9

旋轮线的等时性性质,前面我们已经给出证明。

力学上摆线或旋轮线具有等时性质:当质点仅在重力作用下于摆线的不同位置沿摆线下滑,它们会同时到达底部。赫尔曼·麦尔维尔(Herman Melville)是 19 世纪美国最重要的小说家之一,他在名著《白鲸记》中对具有摆线(旋轮线)壁的"炼鲸油锅"(见图 10)描述如下:对捕鲸船左舷的锅子,当用滑石打磨锅壁的时候,注意到这个神奇的现象,所有的东西无论从哪儿开始,都以同样的时间滑落到锅底。这就是旋轮线的一个性质。

图 10

四、最速降线是旋轮线

1638 年,伽利略在《论两种新科学》中以为最速降线是圆弧,后来人们发现这个答案是错误的。约翰·伯努利参考之前惠更斯分析过的等时降落轨迹,证明了最速线是旋轮线,并在 1696 年 6 月在《博学通报》发表。

下面,我们利用简单有效的方法证明最速降线就是翻转的旋轮线。

　　在重力作用且忽略摩擦力的情况下,一个质点在一点 A 以速率为零开始,沿某条曲线到不高于 A 的一点 B,沿怎样的曲线能令所需的时间最短呢? 这就是"最速降线问题",又称"最短时间问题"、"最速落径问题"。

　　"最速降线问题"的求解方法很多,通常的方法是利用变分法求解极值问题,这需要泛函分析和微分几何的高深知识。这里,我们只利用简单的物理知识和一点微积分基础,就可以证明这个较为复杂的问题。以下是我们的证明过程。

　　证:根据费马原理,两点间光线传播的路径是所需时间最少的路径。利用该原理,通过假设光在光速以恒定竖直加速度(也就是重力加速度 g)加速的介质中运动形成的轨迹来导出最速降线。

　　设质点 A 的质量为 m,我们以 A 的初始位置为坐标原点$(0,0)$,重力方向为纵轴建立平面坐标系(见图 11)。

　　假设质点某时刻的位置为 (x, y),速度为 v,速度方向与竖直方向的夹角为 β。刚开始当质点 A 的速度为零时,夹角也必然

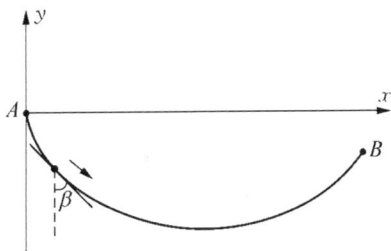

图 11

是零,即初始 $\beta=0$,即最速降线在起始处与竖直方向相切。设质点下落竖直距离 D 后到最低点,达到最大速度,此时夹角 β 变为 $90°$,则 A 的初始动能为 0,势能为 0,下落到最低点时,达到最大速度 v_D,则其动能为 $mv_D^2/2$,势能为 $-mgD$,在位置 (x, y) 的动能为 $mv^2/2$,势能为 mgy。运用机械能守恒定律,有

$$0 = \frac{1}{2}mv_D^2 - mgD = \frac{1}{2}mv^2 + mgy,$$

可得 $v_D = \sqrt{2gD}$, $v = \sqrt{-2gy}$,从而

$$\frac{v}{v_D} = \sqrt{\frac{-y}{D}} \text{。} \tag{2}$$

由此可见点 A 下落到任意位置的速度与水平方向的位移(x)无关。根据光的折射定律，有

$$\frac{\sin \beta}{v} = \frac{\sin 90°}{v_D} = \frac{1}{v_D} \text{。} \tag{3}$$

由式(2)与式(3)，得

$$y = -D\sin^2\beta = -\frac{D}{2}(1 - \cos 2\beta) \text{。} \tag{4}$$

下面求 x 关于夹角 β 的表达式，记 $\mathrm{d}x$ 为水平方向的路径微分，$\mathrm{d}s$ 为运动方向的路径微分，有

$$\frac{\mathrm{d}x}{\mathrm{d}s} = \sin \beta, \ (\mathrm{d}s)^2 = (\mathrm{d}x)^2 + (\mathrm{d}y)^2 \text{。} \tag{5}$$

由式(4)得 $\mathrm{d}y = -D\sin(2\beta)\mathrm{d}\beta$，代入式(5)，得

$$\frac{\mathrm{d}x}{\mathrm{d}\beta} = 2D\sin^2\beta = D[1 - \cos 2\beta], \tag{6}$$

由式(6)及初始条件 $\beta = 0$ 时，$x = 0$，可知

$$x = D\left[\beta - \frac{1}{2}\sin 2\beta\right] = \frac{D}{2}[2\beta - \sin 2\beta] \text{。} \tag{7}$$

联立式(4)与式(7)：

$$\begin{cases} x = \dfrac{D}{2}[2\beta - \sin 2\beta], \\ y = -\dfrac{D}{2}(1 - \cos 2\beta), \end{cases}$$

它与半径 $a = D/2$，参数 $\theta = 2\beta$ 的旋轮线方程

$$\begin{cases} x = a(\theta - \sin\theta) \\ y = a(1 - \cos\theta) \end{cases}$$

关于 x 轴对称。因此最速降线实际上是翻转的旋轮线的一段。

五、通用旋轮线

万花尺是能勾起孩提时代难忘的数学体验记忆的神奇玩具(见图 12)。

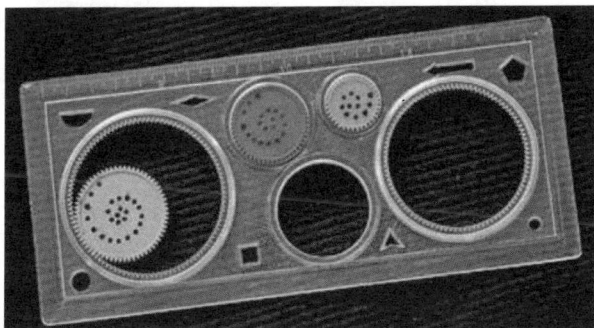

图 12

一块塑料板上开着几个圆形的大洞,还有几块较小的圆形塑料片,不同半径处留有一些孔。把这些看似普通的小圆片放进大圆孔中,再将圆珠笔插在小孔里并带动小圆片沿着大圆的圆周运动,就能在纸上留下各种美丽的曲线(见图 13 所示的利用万花尺描绘的图案)。它们是由小圆片在大圆内侧滚动时,小圆片上某一个固定的点形成的轨迹。

万花尺描绘出的魔幻式的美妙曲线令人叹为观止。就是这样轻松愉悦的数学体验,激发了无数少年儿童对神秘的数学王国的无限憧憬和探索热情。

在平面上,一个动圆(发生圆)沿着一条固定的直线(基线)或固定的圆(基圆)作纯滚动时,此动圆上一点的轨迹,称为旋轮线

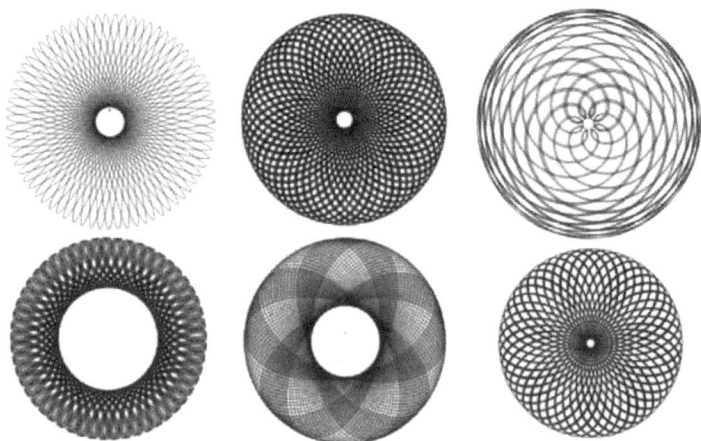

图 13

(cycloid)，也叫摆线。万花尺描绘的几何曲线就是旋轮线的一种，其准确名称是圆内旋轮线。

　　17 世纪大批卓越的数学家（如伽利略、帕斯卡、托里拆利、笛卡尔、费马、伍任、瓦里斯、惠更斯、约翰·伯努利、莱布尼兹、牛顿等）热心于研究这一曲线的性质。旋轮线与 1673 年荷兰科学家惠更斯讨论的摆线相同，因为钟表摆锤作一次完全摆动所用的时间相等，所以摆线（旋轮线）又称等时曲线。摆线的最速降性质，则是约翰·伯努利（Johann Bernoulli，1667—1748）在 1690 年发现的。

　　经典的旋轮线包括直线上的旋轮线、圆内和圆外旋轮线。

1. 圆外旋轮线与圆内旋轮线

　　应用上，摆线（旋轮线）齿轮传动是由一对摆线齿轮组成的齿轮传动。圆内、圆外旋轮线常被用为齿轮轮廓线的一部分，以保证平滑的接触。摆线齿轮的齿廓由内摆线或外摆线组成。摆线齿轮传动分内（见图 14(a)）外（见图 14(b)）啮合和齿条啮合（见图 14(c)）3 种。齿条的齿顶和齿根都是滚圆在直线上滚成的摆线。

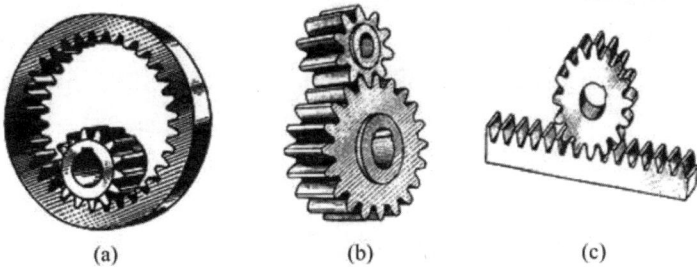

(a)　　　　(b)　　　　(c)

图 14

　　如果让动圆沿着一个定圆滚动,而不是沿着直线滚动的话,我们将得到圆内旋轮线或圆外旋轮线。圆内或圆外旋轮线的定义如下:

　　(1) 动圆沿着定圆的外侧滚动,动圆圆周上某定点形成的轨迹为圆外旋轮线(epicycloid),如图 15(a)所示;

　　(2) 动圆沿着定圆的内侧滚动,动圆圆周上某定点形成的轨迹为圆内旋轮线(hypocycloid),如图 15(b)所示。

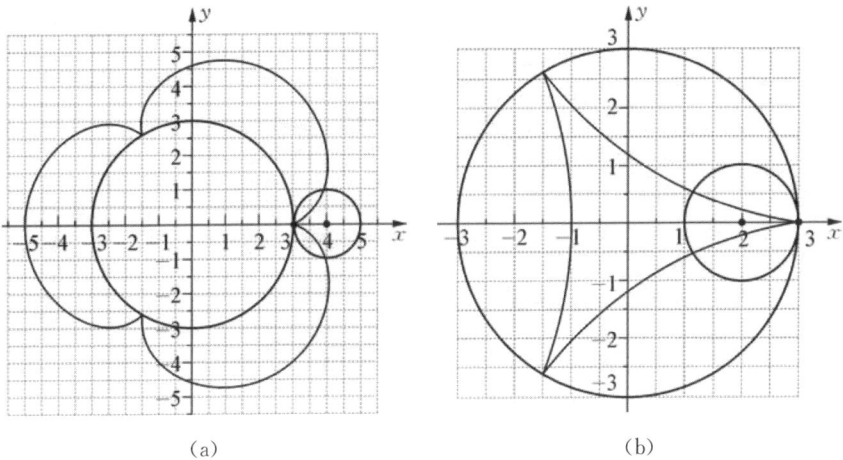

(a)　　　　　　　(b)

图 15

(大圆为定圆,小圆为动圆,曲线为旋轮线)

更一般地，动圆上的定点可取在圆周上、圆内或圆外。定点在圆内的旋轮线称为短幅旋轮线（curtate cycloid），如图 16(a)所示；定点在圆外的旋轮线称为长幅旋轮线（prolate cycloid），如图 16(b)所示。

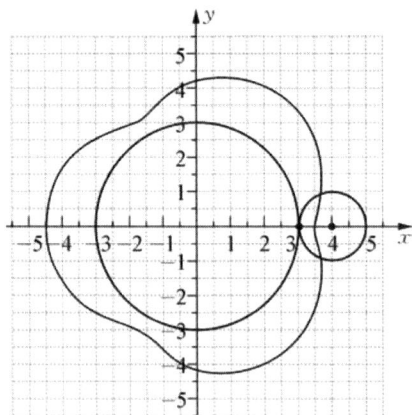

（a）

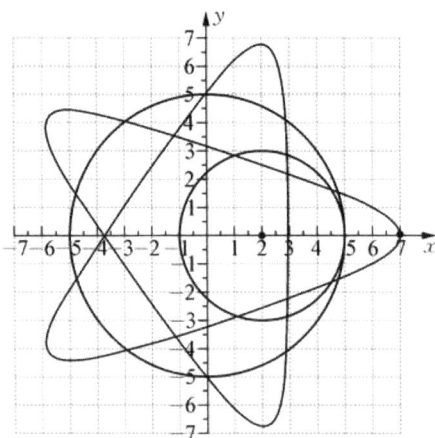

（b）

图 16

（大圆为定圆，小圆为动圆，曲线为旋轮线）

在图 14 与图 15 中,大圆为定圆,小圆为动圆,曲线为旋轮线,动圆分别在圆外和圆内绕定圆转动,得到相应的圆外旋轮线与圆内旋轮线。

在日常生活与物理学中有很多旋轮线的例子。火车前进时,车轮边缘点的轨迹即为长幅旋轮线。从地球参考系看,行星的运动轨迹也近似为旋轮线。

设定圆半径为 R,动圆半径为 r。当动圆沿着定圆外侧滚动时,取初始切点 P 为动圆上的定点,以定圆圆心为原点 O,以 OP 为 x 轴建立直角坐标系。设 θ 为切点经过定圆的弧度(即连接两圆心的线段与 x 轴的夹角),α 为切点经过动圆的弧度(见图 17)。由于切点在两圆上经过的距离相等,即 $\theta R = \alpha r$,因此 $\alpha = \theta R/r$。

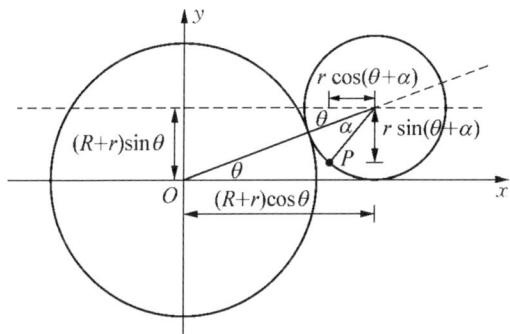

图 17

P 的横坐标为 $(R+r)\cos\theta - r\cos(\theta+\alpha)$,纵坐标为 $(R+r)\sin\theta - r\sin(\theta+\alpha)$。因此,圆外旋轮线的参数方程为

$$\begin{cases} x = (R+r)\cos\theta - r\cos\dfrac{R+r}{r}\theta, \\ y = (R+r)\sin\theta - r\sin\dfrac{R+r}{r}\theta。 \end{cases}$$

更一般地,设动圆上的定点(可在圆周上、圆内、圆外)到动圆的中心的距离是 d,此时圆外旋轮线的参数方程相应为

$$\begin{cases} x = (R+r)\cos\theta - d\cos\dfrac{R+r}{r}\theta, \\[3mm] y = (R+r)\sin\theta - d\sin\dfrac{R+r}{r}\theta. \end{cases}$$

可类似求得动圆沿着定圆($R>r$)的内侧滚动得到的圆内旋轮线的参数方程为

$$\begin{cases} x = (R-r)\cos\theta + d\cos\dfrac{R-r}{r}\theta, \\[3mm] y = (R-r)\sin\theta - d\sin\dfrac{R-r}{r}\theta. \end{cases}$$

当 $d=r$ 时,定点在圆周上;当 $d<r$ 时,定点在圆内,相应的旋轮线为短幅旋轮线;当 $d>r$ 时,定点在圆外,对应的旋轮线为长幅旋轮线。

我们观察一些有趣的例子:方程形式为

$$\begin{cases} x = \cos\theta + \dfrac{1}{n}\cos(n\theta), \\[3mm] y = \sin\theta + \dfrac{1}{n}\sin(n\theta) \end{cases}$$

的曲线,其中 n 为正实数。

讨论轨迹生成。假设有一个定圆,若有另一个半径是刚才圆形的 $1/(n-1)$ 倍的圆在上滚动,则圆周上的一定点在滚动时划出的轨迹就是一条外摆线。

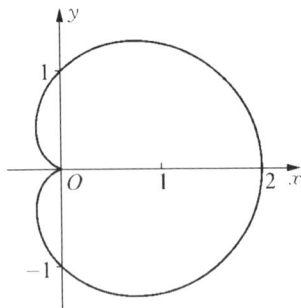

心脏线是外摆线的一种,这时 $n=2$。心脏线的英文名称是"cardioid",是卡斯提伦(de Castillon,生卒不详)在 1741 年的"Philosophical Transactions of the Royal Society"一文中发表的,意为"像心脏的"(见图 18)。

图 18

取不同的 n 值,就可以得到精美的外摆线图。肾脏线亦是外摆线的一种,其 n 为 3。图 19 所示分别是 $n=3,9,1.3,e$ 时的情况。

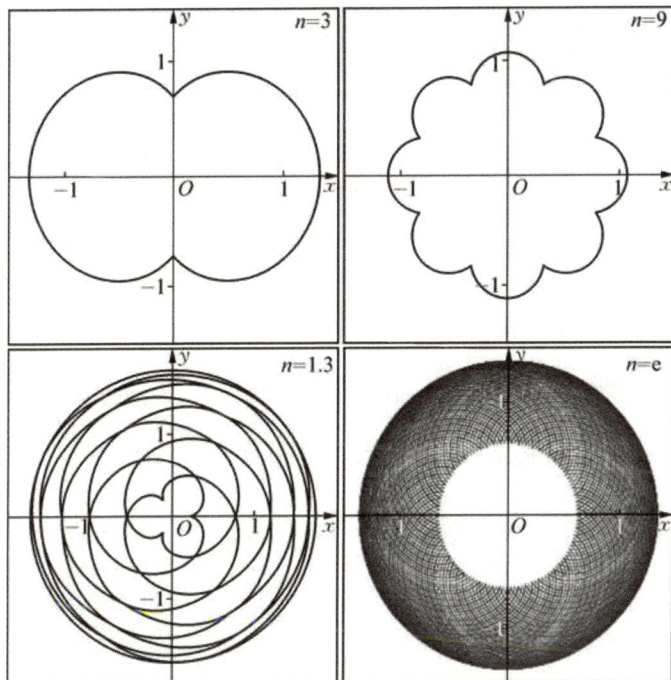

图 19

2. 圆外与圆内旋轮线的周期性

关于函数 f 的周期性。若 T 为非零常数,对于定义域内的任一 x,使 $f(x)=f(x+T)$ 恒成立,则 $f(x)$ 叫做周期函数,T 叫做这个函数的一个周期。

关于圆外与圆内旋轮线的周期性,设定圆半径为 R,动圆半径为 r,我们发现:

(1)当半径之比 R/r 为有理数时,圆内(或外)旋轮线有周期性;

(2)当半径之比 R/r 为无理数时,圆内(或外)旋轮线没有周期性。

下面以圆外旋轮线为例予以证明,圆内旋轮线的证明与其类似。

证明思路: 由图 15(a)可见,若此圆外旋轮线有周期存在,则动圆上的定点 P 将回到初始位置,即动圆滚动了整数圈(记为 b),且 P 经过了定圆的圈数也为整数(记为 a)。此时有正整数 a, b,使 $2\pi br = 2\pi aR$,即 $R/r = b/a$,从而 R/r 为有理数。这提示我们切点经过定圆的弧度为 $\theta = 2a\pi$ 时,P 将回到初始位置,呈现周期性。例如,在前面的图 15(a) 中,$R = 3$, $r = 1$,动圆滚动 3 圈时,P 经过定圆 1 圈,回到初始位置,因此具有周期 2π。严格证明如下。

证: 若半径比 R/r 为有理数,则 R/r 必可表达为两互质的正整数之比 p/q,因此当动圆滚动了 p 圈时,经过了定圆 q 圈,则 $T = 2q\pi$ 是旋轮线关于参数 θ(切点经过定圆的弧度) 的周期。这是因为:

当 θ 增加 $2q\pi$ 变为 $\theta + 2q\pi$,$\dfrac{R+r}{r}\theta$ 变为 $\dfrac{R+r}{r}(\theta + 2q\pi)$,相应增加了 $2(p+q)\pi$,其正弦与余弦值都保持不变,因此

$$
\begin{cases}
x = (R+r)\cos(\theta + 2q\pi) - d\cos\dfrac{R+r}{r}(\theta + 2q\pi) \\[2mm]
\quad = (R+r)\cos\theta - d\cos\dfrac{R+r}{r}\theta, \\[2mm]
y = (R+r)\sin(\theta + 2q\pi) - d\sin\dfrac{R+r}{r}(\theta + 2q\pi) \\[2mm]
\quad = (R+r)\sin\theta - d\sin\dfrac{R+r}{r}\theta。
\end{cases}
$$

即 $T = 2q\pi$ 是旋轮线关于参数 θ 的周期。

当 R/r 为无理数时,由上面的分析可知,当周期存在时,$R/r = b/a$ 必为有理数。因此,当 R/r 为无理数时,此时圆外旋轮线没有周期。

前面的图 15(a) ($R = 3$, $r = 1$) 与图 15(b)($R = 3$, $r = 1$ 或 $R = 5$, $r = 3$),其图形直观佐证了此时的旋轮线有周期性。最后,我们取 $R = \sqrt{2}$, $r = 1$, $d = 1$,则 R/r 为无理数,利用数学软件

Mathematica 编程作图,分别绘制动圆绕经定圆内侧 5 周、50 周、500 周的圆内旋轮线,用以佐证此时的旋轮线没有周期性。程序代码如下:

R = Sqrt[2]; r = 1; d = 1;

ParametricPlot[{(R — r) Cos[t] + d Cos[(R — r) t/r],

(R — r) Sin[t] — d Sin[(R — r) t/r]}, {t, 0, 10 Pi}]

ParametricPlot[{(R — r) Cos[t] + d Cos[(R — r) t/r],

(R — r) Sin[t] — d Sin[(R — r) t/r]}, {t, 0, 100 Pi}]

ParametricPlot[{(R — r) Cos[t] + d Cos[(R — r) t/r],

(R — r) Sin[t] — d Sin[(R — r) t/r]}, {t, 0, 1000 Pi}]

图 20(a),(b),(c)所示分别是动圆绕定圆内侧滚动 5 周($\theta \in$

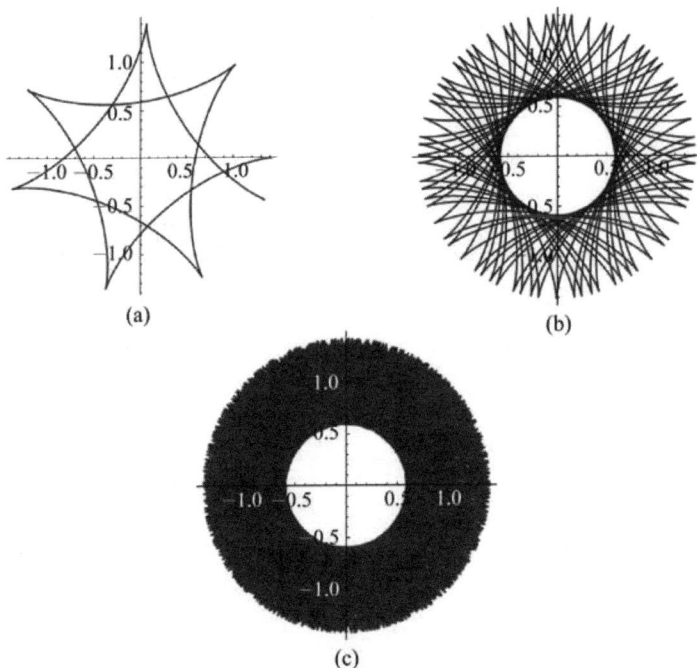

(a)

(b)

(c)

图 20

$[0，10\pi]$)、50 周($\theta \in [0，100\pi]$)、500 周($\theta \in [0，1\,000\pi]$)形成的内旋轮线的图像。由此可见,在动圆滚动 500 周内,无周期出现;随着滚动圈数的增加,旋轮线在一圆环区域上越来越密集。我们可以猜想,动圆无限滚动下去,旋轮线在此圆环区域越来越稠密。

旋轮线的应用,除了前面提到的两点间最速降线的经典案例外,在工业生产和高新技术领域有着更广泛的应用。

3. 更一般的旋轮线

将旋轮线再进一步推广:给定两条曲线 C_1 和 C_2 以及附属在 C_2 的一个点 P,让 C_2 绕 C_1 无滑动旋转,则 P 的轨迹成为轮盘旋轮线(roulette),如表 1 所示。

表 1

固定曲线 C_1	旋转曲线 C_2	曲线 C_2 上的固定点	旋轮线
任一曲线 C	线	在线上	曲线 C 的渐开线
悬链线	线	悬链线中心	线
圆	圆(在外面)	圆上	外摆线
	圆(在里面)	在线上	内摆线
线	圆	在线上	摆线
	圆	在圆外	长幅旋轮线
	圆	在圆内	短幅旋轮线
	摆线	中心	椭圆
	椭圆	焦点	椭圆悬链线
	双曲线	焦点	双曲悬链线
	双曲螺线	极点	等切面曲线

（续表）

固定曲线 C_1	旋转曲线 C_2	曲线 C_2 上的固定点	旋轮线
	圆的渐开线	中心	双曲线
	圆的渐开线	任一点	圆
	对数螺线	任一点	线
	双曲线	焦点	悬链线
双曲线	（等于）双曲线	顶点	蔓叶线

参考文献

1. 吴佩莹. "最速降线"问题——数学史上最激动人心的一次公开挑战. 数学通报, 2006, 45(5): 42—44

2. 米盖尔·德·古斯曼. 数学探奇[M]. 上海: 上海教育出版社, 1984

3. 帕帕斯. 数学趣闻集锦（下册）[M]. 上海: 上海教育出版社, 1998

4. 关洪. 物理学史选讲[M]. 北京: 高等教育出版社, 1994

5. 摆线_百度百科
   http://baike.baidu.com/view/325126.htm?fr=aladdin

6. 摆线_维基百科, 自由的百科全书
   http://zh.wikipedia.org/wiki/%E6%91%86%E7%BA%BF

7. 外摆线_维基百科, 自由的百科全书
   http://zh.wikipedia.org/wiki/%E5%A4%96%E6%91%86%E7%BA%BF

8. 圆内螺线_维基百科, 自由的百科全书
   http://zh.wikipedia.org/wiki/%E5%9C%86%E5%86%85%E8%9E%BA%E7%BA%BF

9. 外旋轮线_维基百科, 自由的百科全书
   http://zh.wikipedia.org/wiki/%E5%A4%96%E6%97%8B%E8%BD%AE%E7%BA%BF

10. 内旋轮线_维基百科, 自由的百科全书

http://zh.wikipedia.org/wiki/%E5%86%85%E6%97%8B%E8%BD%AE%E7%BA%BF

11. Epicycloid-Wikipedia，the free encyclopedia
   http://en.wikipedia.org/wiki/Epicycloid

12. Hypocycloid-Wikipedia，the free encyclopedia
   http://en.wikipedia.org/wiki/Hypocycloid

13. 数学之美：两点之间最快的路径
   http://jandan.net/2014/04/21/beauty-in-math.html

中山大学数学与计算科学学院　黎培兴

图书在版编目(CIP)数据

数学之外与数学之内/田刚,吴宗敏主编. —上海:复旦大学出版社,
2015. 10(2023. 9 重印)
ISBN 978-7-309-11749-3

Ⅰ. 数… Ⅱ. ①田…②吴… Ⅲ. 中学数学课-课外读物 Ⅳ. G634. 603

中国版本图书馆 CIP 数据核字(2015)第 212361 号

数学之外与数学之内
田 刚 吴宗敏 主编
责任编辑/范仁梅

复旦大学出版社有限公司出版发行
上海市国权路 579 号 邮编:200433
网址:fupnet@fudanpress. com http://www. fudanpress. com
门市零售:86-21-65102580 团体订购:86-21-65104505
出版部电话:86-21-65642845
江苏句容市排印厂

开本 890×1240 1/32 印张 7.125 字数 175 千
2023 年 9 月第 1 版第 5 次印刷

ISBN 978-7-309-11749-3/G · 1513
定价:30. 00